Bibliothek der Mediengestaltung

Konzeption, Gestaltung, Technik und Produktion von Digital- und Printmedien sind die zentralen Themen der Bibliothek der Mediengestaltung, einer Weiterentwicklung des Standardwerks Kompendium der Mediengestaltung, das in seiner 6. Auflage auf mehr als 2.700 Seiten angewachsen ist. Um den Stoff, der die Rahmenpläne und Studienordnungen sowie die Prüfungsanforderungen der Ausbildungs- und Studiengänge berücksichtigt, in handlichem Format vorzulegen, haben die Autoren die Themen der Mediengestaltung in Anlehnung an das Kompendium der Mediengestaltung neu aufgeteilt und thematisch gezielt aufbereitet. Die kompakten Bände der Reihe ermöglichen damit den schnellen Zugriff auf die Teilgebiete der Mediengestaltung.

Weitere Bände in der Reihe: http://www.springer.com/series/15546

Peter Bühler
Patrick Schlaich
Dominik Sinner

Informationstechnik

Hardware – Software – Netzwerke

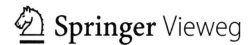 Springer Vieweg

Peter Bühler
Affalterbach, Deutschland

Dominik Sinner
Konstanz-Dettingen, Deutschland

Patrick Schlaich
Kippenheim, Deutschland

ISSN 2520-1050   ISSN 2520-1069 (electronic)
Bibliothek der Mediengestaltung
ISBN 978-3-662-54731-1   ISBN 978-3-662-54732-8 (eBook)
https://doi.org/10.1007/978-3-662-54732-8

Die Deutsche Nationalbibliothek verzeichnet diese Publikation in der Deutschen Nationalbibliografie; detaillierte bibliografische Daten sind im Internet über http://dnb.d-nb.de abrufbar.

Springer Vieweg
© Springer-Verlag GmbH Deutschland 2018

Gedruckt auf säurefreiem und chlorfrei gebleichtem Papier

Springer Vieweg ist Teil von Springer Nature
Die eingetragene Gesellschaft ist Springer-Verlag GmbH Deutschland
Die Anschrift der Gesellschaft ist: Heidelberger Platz 3, 14197 Berlin, Germany

The Next Level – aus dem Kompendium der Mediengestaltung wird die Bibliothek der Mediengestaltung.

Im Jahr 2000 ist das „Kompendium der Mediengestaltung" in der ersten Auflage erschienen. Im Laufe der Jahre stieg die Seitenzahl von anfänglich 900 auf 2700 Seiten an, so dass aus dem zunächst einbändigen Werk in der 6. Auflage vier Bände wurden. Diese Aufteilung wurde von Ihnen, liebe Leserinnen und Leser, sehr begrüßt, denn schmale Bände bieten eine Reihe von Vorteilen. Sie sind erstens leicht und kompakt und können damit viel besser in der Schule oder Hochschule eingesetzt werden. Zweitens wird durch die Aufteilung auf mehrere Bände die Aktualisierung eines Themas wesentlich einfacher, weil nicht immer das Gesamtwerk überarbeitet werden muss. Auf Veränderungen in der Medienbranche können wir somit schneller und flexibler reagieren. Und drittens lassen sich die schmalen Bände günstiger produzieren, so dass alle, die das Gesamtwerk nicht benötigen, auch einzelne Themenbände erwerben können. Deshalb haben wir das Kompendium modularisiert und in eine Bibliothek der Mediengestaltung mit 26 Bänden aufgeteilt. So entstehen schlanke Bände, die direkt im Unterricht eingesetzt oder zum Selbststudium genutzt werden können.

Bei der Auswahl und Aufteilung der Themen haben wir uns – wie beim Kompendium auch – an den Rahmenplänen, Studienordnungen und Prüfungsanforderungen der Ausbildungs- und Studiengänge der Mediengestaltung orientiert. Eine Übersicht über die 26 Bände der Bibliothek der Mediengestaltung finden Sie auf der rechten Seite. Wie Sie sehen, ist jedem Band eine Leitfarbe zugeordnet, so dass Sie bereits am Umschlag erkennen, welchen Band Sie in der Hand halten. Die Bibliothek der Mediengestaltung richtet sich an alle, die eine Ausbildung oder ein Studium im Bereich der Digital- und Printmedien absolvieren oder die bereits in dieser Branche tätig sind und sich fortbilden möchten. Weiterhin richtet sich die Bibliothek der Mediengestaltung auch an alle, die sich in ihrer Freizeit mit der professionellen Gestaltung und Produktion digitaler oder gedruckter Medien beschäftigen. Zur Vertiefung oder Prüfungsvorbereitung enthält jeder Band zahlreiche Übungsaufgaben mit ausführlichen Lösungen. Zur gezielten Suche finden Sie im Anhang ein Stichwortverzeichnis.

Ein herzliches Dankeschön geht an Herrn Engesser und sein Team des Verlags Springer Vieweg für die Unterstützung und Begleitung dieses großen Projekts. Wir bedanken uns bei unserem Kollegen Joachim Böhringer, der nun im wohlverdienten Ruhestand ist, für die vielen Jahre der tollen Zusammenarbeit. Ein großes Dankeschön gebührt aber auch Ihnen, unseren Leserinnen und Lesern, die uns in den vergangenen fünfzehn Jahren immer wieder auf Fehler hingewiesen und Tipps zur weiteren Verbesserung des Kompendiums gegeben haben.

Wir sind uns sicher, dass die Bibliothek der Mediengestaltung eine zeitgemäße Fortsetzung des Kompendiums darstellt. Ihnen, unseren Leserinnen und Lesern, wünschen wir ein gutes Gelingen Ihrer Ausbildung, Ihrer Weiterbildung oder Ihres Studiums der Mediengestaltung und nicht zuletzt viel Spaß bei der Lektüre.

Heidelberg, im Frühjahr 2018
Peter Bühler
Patrick Schlaich
Dominik Sinner

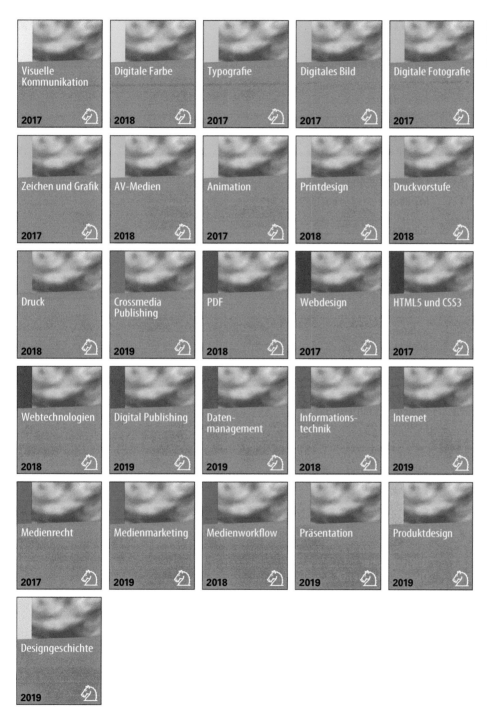

Bibliothek der Mediengestaltung

Titel und
Erscheinungsjahr

Visuelle Kommunikation 2017	Digitale Farbe 2018	Typografie 2017	Digitales Bild 2017	Digitale Fotografie 2017
Zeichen und Grafik 2017	AV-Medien 2018	Animation 2017	Printdesign 2018	Druckvorstufe 2018
Druck 2018	Crossmedia Publishing 2019	PDF 2018	Webdesign 2017	HTML5 und CSS3 2017
Webtechnologien 2018	Digital Publishing 2019	Datenmanagement 2019	Informationstechnik 2018	Internet 2019
Medienrecht 2017	Medienmarketing 2019	Medienworkflow 2018	Präsentation 2019	Produktdesign 2019
Designgeschichte 2019				

1 Hardware 2

1.1 Wozu dieses Buch?

Vielleicht fragen Sie sich, weshalb Medienschaffende überhaupt Kenntnisse über Computerhardware und -software brauchen. Ist der Computer nicht bloß ein für unsere Tätigkeit notwendiges Hilfsmittel, über das wir nichts wissen müssen? Schließlich fahren wir ja auch alle Auto, ohne die Funktionsweise des Motors zu verstehen. Wozu also dieses Buch?

Die Digitalisierung unserer Gesellschaft schreitet in großem Tempo voran: Immer mehr Aufgaben werden Computern übertragen und unsere Abhängigkeit von diesen Geräten ist bereits jetzt existenziell. Computer sind selbstverständliche Begleiter unseres Lebens geworden. Software wird immer intelligenter und nimmt uns viele Aufgaben des täglichen Lebens ab. Dies wird uns immer dann bewusst, wenn der Computer streikt oder das Handy zu Hause vergessen wurde.

In der Medienbranche haben Computer eine doppelte Funktion: Sie sind zum einen *Arbeitsgerät* zur Mediengestaltung und -produktion und dienen zum anderen aber auch als *Endgerät* zur Wiedergabe und Darstellung digitaler Medienprodukte. Medienschaffende arbeiten also *mit* dem und *für* den Computer. Im Vergleich mit dem Auto-Beispiel hieße dies, dass Sie das Auto nicht nur fahren, sondern auch an dessen Design mitarbeiten.

Sie verstehen, dass hierfür ein grundlegendes Wissen über den Aufbau und die Funktionsweise von Computern unerlässlich ist. Um eine Website entwerfen zu können, müssen die Kennwerte von Computerdisplays bekannt sein. Um ein Video in erträglicher Zeit rendern zu können, muss ein entsprechend leistungsstarker Mikroprozessor gewählt werden. Und um gleichzeitig mit mehreren Programmen arbeiten zu können, sollte der Arbeitsspeicher ausreichend groß sein.

Dieses Buch hat nicht den Anspruch, Sie zu Hardware- oder Netzwerkspezialisten zu machen. Dies ist Sache der Informatiker. Es vermittelt Ihnen jedoch das notwendige Know-how, um Computer und Peripheriegeräte (z. B. Drucker, Scanner, Monitore) nach bestimmten Kriterien auszuwählen und in Betrieb zu nehmen. Es soll Ihnen auch dabei helfen, einfache Fehlfunktionen zu erkennen und selbstständig beheben zu können.

Zuse Z4

1950 war Z4 der einzige Computer in Europa. Sein Erbauer – Konrad Zuse – hätte es sich wohl nicht träumen lassen, dass heute nahezu jeder einen Computer (als Smartphone) in der Hosentasche hat.

© Springer-Verlag GmbH Deutschland 2018
P. Bühler, P. Schlaich, D. Sinner, *Informationstechnik*, Bibliothek der Mediengestaltung,
https://doi.org/10.1007/978-3-662-54732-8_1

1.2 Kennwerte und Einheiten

Im Hardware-Kapitel werden Sie immer wieder von Kennwerten, Einheiten und Zahlenwerten lesen. Damit Sie diese einordnen und die Leistungsfähigkeit von Hardware beurteilen können, führen wir diese Kennwerte und Einheiten an dieser Stelle ein.

1.2.1 Datenmengen

Sie wissen, dass Computer im Zweier- oder Binärsystem arbeiten. Der Grund hierfür ist, dass elektronische Schalter (Transistoren) genau zwei Zustände – Ein oder Aus – annehmen können. Um mit Hilfe von Schaltern Daten verarbeiten zu können, müssen diese deshalb auf zwei Zustände reduziert werden. Zur Darstellung dieser Zustände hat man sich auf die Zahlen „0" (Aus) und „1" (Ein) verständigt.

Sämtliche Informationen, die ein Computer verarbeiten soll, egal ob dies Zahlen, Buchstaben, Farben oder sonstige Informationen sind, müssen deshalb in Nullen und Einsen umgewandelt werden. Beispiele:

- Die Zahl 197 wird binär als 11000101 geschrieben.
- Der Buchstabe A wird (gemäß ASCII-Code) mit 01000001 codiert.
- Ein reines Rot besitzt im RGB-Farbraum den Code 11111111 00000000 00000000.

(Auf die Umrechnung gehen wir im Band *Datenmanagement* ein.)

Bit und Byte
Um binäre Daten verarbeiten zu können, müssen diese gespeichert werden. Wie wir gesehen haben, besteht dabei die kleinste binäre Information aus einer Ziffer, die entweder den Wert „0" oder „1" annehmen kann. Für diese Speichereinheit wurde aus der englischen Übersetzung von *bi*nary digi*t*

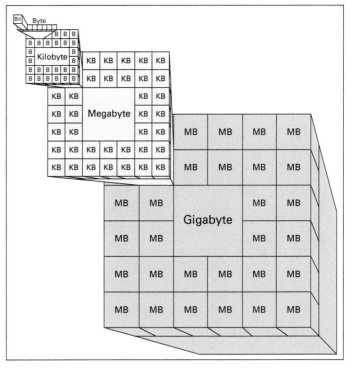

das Kunstwort *Bit* geschaffen. Bereits zur Codierung eines einzigen Buchstabens sind acht Bit erforderlich. Acht Bit werden als *Byte* bezeichnet. Zur Unterscheidung wird für Bit die Einheit [Bit] und für Byte die Einheit [B] verwendet.

Kilo-, Mega-, Gigabyte
Um ganze Texte, Songs oder Videos abzuspeichern, sind sehr viele Bytes erforderlich. Aus diesem Grund wurden Vielfache definiert, wie wir sie auch aus unserem Alltag, z. B. Kilogramm oder Megawatt, kennen. Da die Zahlenbasis im Binärsystem 2 ist, wird für Kilo nicht 1.000, sondern 2^{10} = 1.024 verwendet. Ein Kilobyte[1] [KB] sind also 1.024 Byte.

---
1 Gemäß Norm lautet die korrekte Schreibweise nicht Kilobyte, sondern KibiByte und wird [KiB] abgekürzt. Diese Schreibweise hat sich jedoch nicht durchgesetzt.

Speichereinheiten
Kleinste Speichereinheit ist das Bit, acht Bit ergeben ein Byte. Bei den Vielfachen wird üblicherweise mit Faktor 1.024 gerechnet: 1.024 Byte ergeben ein Kilobyte.

Zur Unterscheidung wird ein großes „K" verwendet. Diese Reihe kann nun fortgesetzt werden: 1.024 Kilobyte ergeben ein Megabyte [MB], 1.024 Megabyte ein Gigabyte [GB].

Giga angegeben. Leider ist man hier nicht konsequent gewesen und verwendet den Wert 1.000 (und nicht 1.024). Ein Kilobit/s [kBit/s] sind 1.000 Bit/s, ein Kilobyte/s [kB/s] sind 1.000 B/s.

Datenmengen		
Name	Einheit	Anzahl
Bit	[Bit]	2^0 Bit = 1 Bit
Byte	[B]	2^3 Bit = 8 Bit
Kilobyte	[KB]	2^{10} Byte= 1.024 Byte
Megabyte	[MB]	2^{20} Byte= 1.024 Kilobyte
Gigabyte	[GB]	2^{30} Byte= 1.024 Megabyte
Terabyte	[TB]	2^{40} Byte= 1.024 Gigabyte
Petabyte	[PB]	2^{50} Byte= 1.024 Terabyte

Datenraten		
Name	Einheit	Anzahl
Bit pro Sekunde	[Bit/s]	1 Bit/s
Kilobit pro Sekunde	[kBit/s]	1 kBit/s = 1.000 Bit/s
Megabit pro Sekunde	[MBit/s]	1 MBit/s = 1.000 kBit/s
Gigabit pro Sekunde	[GBit/s]	1 GBit/s = 1.000 MBit/s
Name	Einheit	Anzahl
Byte pro Sekunde	[B/s]	1 B/s
Kilobyte pro Sekunde	[kB/s]	1 kB/s = 1.000 B/s
Megabyte pro Sek.	[MB/s]	1 MB/s = 1.000 kB/s
Gigabyte pro Sekunde	[GB/s]	1 GB/s = 1.000 MB/s

Beispielrechnung
Ein Text besteht aus 500.000 Buchstaben. Berechnen Sie die Datenmenge in MB. (Jeder Buchstabe benötigt 1 Byte.)

```
  500.000 B  |:1.024
= 488,3 KB   |:1.024
= 0,48 MB
```

1.2.2 Datenraten

Im Alltag geben wir Geschwindigkeiten als Verhältnis von zurückgelegtem Weg zur benötigten Zeit an, z. B. in Kilometer pro Stunde [km/h] oder in Meter pro Sekunde [m/s].

Auch in der Datentechnik spielen Geschwindigkeiten eine große Rolle, z. B. um Zugriffszeiten auf Speicher oder die Qualität einer Internetverbindung anzugeben. Sie werden hier als *Daten-* oder *Bitrate* bezeichnet und geben die pro Sekunde übertragene Datenmenge an. Die Einheit beträgt demnach Bit pro Sekunde [Bit/s] oder Byte pro Sekunde [B/s]. Da ein Byte aus acht Bit besteht, gilt: 1 B/s = 8 Bit/s.

Wie bei Datenmengen werden auch hier die Vielfachen mit Kilo, Mega und

Beispielrechnung
Die Übertragung des Textes (siehe links) dauert 0,2 Sekunden. Berechnen Sie die Datenrate in MB/s.

```
  500.000 B : 0,2 s
= 2.500.000 B/s   |:1.000
  = 2.500 kB/s     |:1.000
    = 2,5 MB/s
```

1.2.3 Frequenzen

Die Anzahl an Wiederholungen pro Zeiteinheit wird als Frequenz bezeichnet. Frequenzen werden in der Einheit Hertz [Hz] angegeben, die Angabe 1 Hz gibt an, dass eine Wiederholung pro Sekunde stattfindet. Wie bei Datenmengen und -raten gibt man die Vielfachen mit Kilo, Mega und Giga an.

Frequenz		
Name	Einheit	Anzahl
Hertz	[Hz]	1 Hz
Kilohertz	[kHz]	1 kHz = 1.000 Hz
Megahertz	[MHz]	1 MHz = 1.000 kHz
Gigahertz	[GHz]	1 GHz = 1.000 MHz

1.3　Aufbau eines Computers

Sicher haben Sie schon von EVA gehört: Gemeint ist an dieser Stelle nicht die aus einer Rippe hervorgegangene Gefährtin Adams im Paradies, sondern das Funktionsprinzip, nach dem auch heutige Computer Daten verarbeiten: *Eingabe – Verarbeitung – Ausgabe*.

1.3.1　Mikrocomputer

Für die Verarbeitung der Daten ist der Computer oder genauer Mikrocomputer zuständig. Im Unterschied zu Mikrocomputern gibt es Großcomputer, wie sie beispielsweise in Rechenzentren zu finden sind. Zentrales Bauelement des Mikrocomputers ist der *Mikroprozessor (CPU)*. Es handelt sich dabei um ein Bauelement von wenigen Quadratzentimetern Größe, das hochintegrierte Schaltkreise zur Steuerung des Computers sowie zur Berechnung der Daten enthält. Über die als Bussystem, kurz *Bus*, bezeichneten Verbindungsleitungen ist der Mikroprozessor mit dem *Arbeitsspeicher (RAM)* verbunden. Dieser im Vergleich zu Festplatten schnelle Speicher hält den benötigten Programmcode – z. B. ein Textverarbeitungsprogramm – und die Daten – zum Beispiel einen Brief – zur Verarbeitung durch den Mikroprozessor bereit. Erst durch das Abspeichern als Datei werden die Daten vom Arbeitsspeicher auf ein externes Speichermedium übertragen und damit vor Datenverlust gesichert.

In Desktop-Geräten oder Laptops befindet sich der Mikroprozessor auf der als *Mainboard* oder *Motherboard* bezeichneten Hauptplatine des Computers. Sie enthält zusätzlich den bereits erwähnten RAM-Arbeitsspeicher sowie verschiedene Schnittstellen und I/O-Controller, die für Anschluss und Steuerung der verschiedenen Peripheriegeräte benötigt werden.

Apple iMac

Für Tablets oder Smartphones muss aus Platzgründen das Mainboard deutlich verkleinert werden. Aus diesem Grund werden Mikroprozessor (CPU), Grafikprozessor (GPU) und weitere Komponenten in ein einziges Bauteil integriert. Man bezeichnet dies als *System-on-a-Chip (SoC)*.

Der Trend zu immer kleineren und dennoch immer leistungsfähigeren Mikrocomputern setzt sich fort. Ein Problem stellt hierbei die Abwärme dar. Sie muss aus einem geschlossenen Gehäuse ohne Lüfter abgeführt werden. 2016 musste Samsung ihr Modell Galaxy Note 7 vom Markt nehmen, nachdem sich bei einigen Geräten der Akku entzündet hatte.

1.3.2　Peripheriegeräte

Alle Geräte, die nach dem EVA-Prinzip zur Ein- und Ausgabe der Daten genutzt werden, heißen Peripheriegeräte. Der Begriff „peripher" heißt so viel wie „sich am Rande befindend". Zum Anschluss der Peripheriegeräte an den Mikrocomputer muss eine Anpassung der unterschiedlichen Datenformate und Übertragungsgeschwindigkeiten

Knapp 70 Jahre nach Konrad Zuses Z4 auf Seite 2 sehen Computer komplett anders aus und sind zu unverzichtbaren Begleitern in unserem beruflichen und privaten Alltag geworden.

Blockschaltbild eines Computers

Der Mikrocomputer enhält neben Mikroprozessor (CPU) und Hauptspeicher (RAM) die zur Steuerung der Peripheriegeräte benötigten Schnittstellen und I/O-Controller.

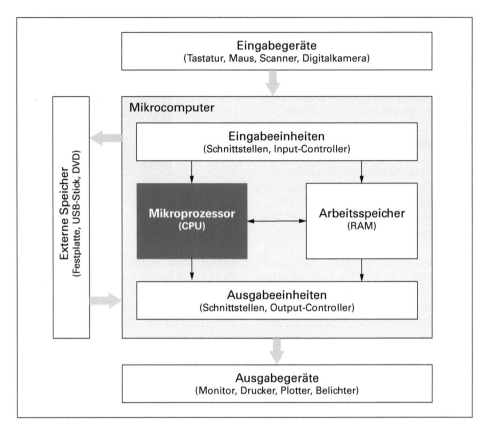

vorgenommen werden. Diese Aufgabe erledigen die verschiedenen Eingabe- und Ausgabeeinheiten (*Schnittstellen* und *I/O-Controller*), die sich auf dem Mainboard befinden.

Beispiele für Schnittstellen sind USB, Thunderbolt oder HDMI. I/O-Controller werden z. B. zum Anschluss der Festplatte, zur Ansteuerung des Displays, Mikrofon und der Kamera und für WLAN benötigt. Die große Anzahl an Peripheriegeräten lässt sich funktionell in drei Gruppen gliedern:

Eingabegeräte
- Tastatur
- Maus
- Touchdisplay

- Scanner
- Digitalkamera
- Mikrofon
- Fingerabdruck-Scanner

Externe (periphere) Speicher
- Festplatte
- SSD (Solid State Drive)
- DVD-/CD-/Blu-ray-Laufwerk
- Flash-Speicher z. B. USB-Stick
- Bandlaufwerk (Streamer)

Ausgabegeräte
- Monitor bzw. Display
- Drucker, Plotter
- Belichter
- Lautsprecher, Ohrhörer

1.4 Mainboard (Motherboard)

Die Komponenten des Mikrocomputers sind auf der als *Main- oder Motherboard* bezeichneten Hauptplatine entweder bereits aufgelötet (onboard) oder können in Steckplätze (Slots) eingesteckt werden. Letztere ermöglichen es, den Computer mit einer leistungsstärkeren Grafikkarte oder zusätzlichem Arbeitsspeicher „aufzurüsten".

Seit einigen Jahren setzt sich jedoch der Trend zu immer kleineren Computern durch. Laptops, Netbooks, Ultrabooks, Tablets und Smartphones ermöglichen einen flexiblen, orts- und zeitunabhängigen Computereinsatz. Ein großes Mainboard mit Erweiterungskarten hat in diesen Geräten keinen Platz. Aus diesem Grund geht man hier den umgekehrten Weg und integriert mehrere Komponenten, insbesondere Mikroprozessor und Grafikprozessor, in einem Bauteil (*System-on-a-Chip*).

1.4.1 Bussystem

Die Verbindungsleitungen des Mainboards, vor allem zur Verbindung von Mikroprozessor und Arbeitsspeicher, werden als *Bussystem* oder *Bus* bezeichnet. Diese Bezeichnung ist passend gewählt, da es ja auch auf der Platine um Transport (in diesem Fall von Informationen) geht. Das Bussystem dient zur Übertragung von:

- *Daten*, z. B. Anwendersoftware oder Dateien,
- *Adressen*, um die Speicherplätze des Arbeitsspeichers oder Mikroprozessors adressieren zu können,
- *Steuersignale* zur Koordination der Komponenten des Computers.

PCI Express (PCIe)

Das Bussystem heutiger Computer trägt die Bezeichnung *PCI Express*, kurz *PCIe,* und liegt seit 2017 in der Spezi-

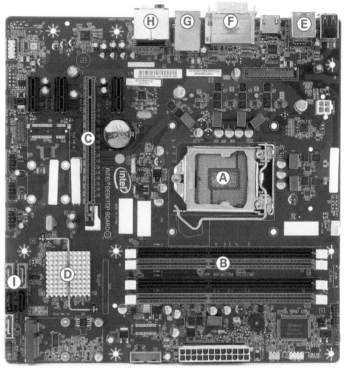

fikation 4.0 vor. Die Datenübertragung erfolgt bei PCIe nicht wie früher (bei PCI und AGP) parallel über viele Datenleitungen, sondern seriell über Leitungspaare (*Lanes*) für das gleichzeitige Senden und Empfangen von Daten.

Die erreichbare Datenrate hängt von der Anzahl an Lanes ab. Die Technologie gestattet die parallele Verwendung von bis zu 32 Lanes, mit PCIe 4.0 x 32 lässt sich die unvorstellbar hohe Datenrate von 63.015 MB/s realisieren. Da die Zahl für sich alleine nicht aussagekräftig ist, vergleichen wir sie: Eine Video-DVD enthält üblicherweise 4,7 GB oder rund 4.812 MB (1 Gigabyte = 1.024 Megabyte). Mit obiger Datenrate ließen sich also rund 13 Video-DVDs *in einer einzigen Sekunde* kopieren.

Das Beispiel veranschaulicht die große Bedeutung des Arbeitsspeichers, da dieser über eine sehr schnel-

Mainboard

Modell: Intel Desktop Board DH77EB
A Sockel für Mikroprozessor
B Slots für Arbeitsspeicher (RAM)
C Slots für PCIe-Karten
D Chipsatz
E USB-Schnittstellen
F HDMI-/DVI-Schnittstelle für Monitor
G RJ45-Schnittstelle für Netzwerk
H Audio-Schnittstelle
I SATA-Schnittstellen für interne Festplatten

le Verbindung unmittelbar mit dem Mikroprozessor verbunden ist. Ein großer Arbeitsspeicher erhöht damit die Leistungsfähigkeit und Geschwindigkeit des Computers.

1.4.2 Schnittstellen

Schnittstellen ermöglichen die Verbindung zwischen dem Mikrocomputer und den Peripheriegeräten. Wie beim Bussystem übertragen alle heutigen Schnittstellen *seriell*, also nacheinander auf Leitungspaaren, und nicht mehr *parallel* auf vielen Leitungen.

Die serielle Datenübertragung ermöglicht längere Verbindungsleitungen, deutlich höhere Datenraten und braucht darüber hinaus weniger Strom.

USB

Der Name wurde Programm: *USB (Universal Serial Bus)* ist es tatsächlich gelungen, zu einer „universellen" Schnittstelle zu werden. Sämtliche Peripheriegeräte, von der externen Festplatte bis zum Camcorder, vom Smartphone bis zum Drucker, sind USB-fähig. USB liegt derzeit in der Spezifikation 3.1 vor und ermöglicht Datenraten bis 10 Gigabit/s (GBit/s). Damit der Computer ein angeschlossenes Gerät erkennt, wurden für USB Geräteklassen definiert, z. B. Speicher, Drucker, Audio, Video. Für diese Geräteklassen liegen herstellerunabhängige, sogenannte *generische Treiber* vor, an deren Spezifikationen sich die Hersteller halten. Wei-

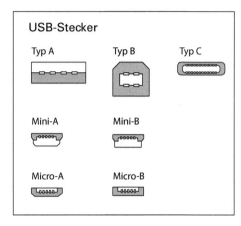

tere Vorteile von USB sind einerseits die Möglichkeit der Stromversorgung von Endgeräten (USB Battery Charging), andererseits können USB-Geräte bei laufendem Computer angeschlossen oder entfernt werden (Hot Plug and Play).

Nachteilig (und nervig) sind die unterschiedlichen USB-Anschlüsse (Typ A, B, Mini, Micro, siehe Grafik). Die Stecker können nur in einer Richtung eingesteckt werden und natürlich versucht man – nach Murphys Gesetz – immer zuerst die falsche Seite. Glücklicherweise gibt es mittlerweile einen neuen Anschluss (Typ C), der von beiden Seiten eingesteckt werden kann.

FireWire

FireWire (auch: i.Link) wurde von Apple entwickelt und kam überwiegend im Bereich der digitalen Bild- und Videobearbeitung zum Einsatz. Mittlerweile

Schnittstellen

Die Tabelle gibt eine Übersicht aktueller Schnittstellen (Stand: 2018).

Name	Position	Datenrate (brutto)	Anwendungsbeispiele
USB 3.0	extern	5 GBit/s	Peripheriegeräte aller Art
USB 3.1	extern	15 GBit/s	Peripheriegeräte aller Art
SATA	intern	16 GBit/s	Festplatten, SSD
Thunderbolt 2	extern	20 GBit/s	Peripheriegeräte
Thunderbolt 3	extern	40 GBit/s	Peripheriegeräte

hat die Schnittstelle den Kampf gegen USB verloren.

Thunderbolt

Bei Thunderbolt handet es sich um eine von Apple und Intel gemeinsam entwickelte Schnittstelle, die in der derzeitigen Version 3 mit 40 GBit/s die vierfache Datenrate von USB 3.1 verspricht. Als Anschluss kommt auch hier der neue USB-Stecker vom Typ C zum Einsatz.

Die extrem hohe Datenrate hat ihren Preis: Thunderbolt ist technisch aufwändig und deutlich teurer als USB 3.1. Welche Schnittstelle sich langfristig durchsetzen wird, bleibt noch abzuwarten.

SATA

Bei *Serial ATA (SATA)* handelt es sich um eine interne Schnittstelle zum Anschluss von Festplatten oder von Solid State Drives (SSD) an das Mainboard.

1.4.3 Chipsatz

Der Chipsatz ist für die Steuerung des Datenflusses auf dem Mainboard zuständig und ist damit ein wichtiges Leistungsmerkmal des Computers. Der Begriff „Satz" kommt daher, dass es sich früher um zwei separate Bauelemente handelte, die als *Northbridge* und *Southbridge* bezeichnet wurden. Während sich die Northbridge um die Anbindung des Speichers und der Bussysteme an den Prozessor kümmert, steuert die Southbridge den Datenfluss zu den verschiedenen Controllern und Schnittstellen.

Im Zuge der Miniaturisierung kommen in Smartphones oder Tablets Ein-Chip-Systeme (System-on-a-Chip) zum Einsatz, bei denen die gesamte Steuerelektronik einschließlich Mikroprozessor und Grafik auf einem Bauelement untergebracht ist.

1.4.4 Steckplätze (Slots)

Steckkarten (Slot cards)

Wie bereits erwähnt, sind heute die wichtigen Controller für Grafik, Sound und Netzwerk „onboard", also fest mit dem Mainboard verbunden. Dies ist nicht nur kostengünstiger, sondern spart auch Platz – bei Laptops, Netbooks und vor allem bei Smartphones und Tablets ein wichtiges Argument.

Zumindest auf den Mainboards der Desktop-PCs sind zusätzlich eine Reihe von PCIe-Steckplätzen verfügbar. Sie dienen dazu, dass sich spezielle Karten nachrüsten lassen, z. B. zur Videodigitalisierung oder für High-End-Grafik in Spiele-PCs.

RAM-Speicherbänke

Unerlässlich für den Betrieb eines Mikrocomputers ist das Vorhandensein eines Arbeitsspeichers (Random Access Memory, RAM). Je größer der Arbeitsspeicher ist, umso besser ist es, denn der Zugriff hierauf ist viel schneller als der Zugriff auf die Festplatte.

Die Speicherbausteine des RAM befinden sich auf kleinen Platinen, die sich in spezielle Steckplätze (Speicherbänke) auf der Hauptplatine einstecken lassen. Häufig sind noch Speicherplätze frei, so dass sich der Speicher erweitern lässt. Derzeit werden v. a. DDR-Speicher (Double Date Rate) eingesetzt.

Sockel (Socket)

Als Sockel wird der Steckplatz für den Mikroprozessor bezeichnet. Da jeder Mikroprozessor einen anderen Sockel benötigt, kann ein Mainboard oft nur mit einem bestimmten Prozessortyp bestückt werden.

1.5 Mikroprozessor

1.5.1 Entwicklung

Ein Mikroprozessor (Central Processing Unit, CPU) stellt eines der komplexesten Bauelemente dar, die der Mensch jemals entwickelt hat. Voraussetzung für seine Entwicklung war dabei zunächst die Erfindung des elektronischen Schalters (Transistor) im Jahr 1948. Mit Hilfe von Transistoren ließen sich binäre Operationen auf elektronische Schaltkreise übertragen, da jeder Schalter genau zwei Zustände – entsprechend der binären Null und Eins – darstellen kann. Durch die parallelen Fortschritte in der Halbleitertechnologie wurde eine Miniaturisierung dieser Schaltungen möglich, so dass heute mehrere Millionen Transistoren auf einer Fläche von wenigen Quadratzentimetern Platz finden. Die Folge war, dass raumfüllende Großcomputer nach und nach verschwanden und stattdessen der persönliche Computer, *Personal Computer* oder kurz *PC*, geschaffen wurde.

Schon bald nach dem Erscheinen der ersten PCs vor rund 30 Jahren – allen voran der legendäre Apple II oder Commodore C64 – wurden auch die großen Firmen der Branche auf die Möglichkeiten des PCs aufmerksam. So kam der erste IBM-PC mit 8088-Prozessor von Intel und dem Betriebssystem DOS von Microsoft im Jahr 1981 auf den Markt. Im damit eröffneten Wettlauf um immer kleinere, schnellere und gleichzeitig billigere Mikroprozessoren ist auch heute kein Ende absehbar.

Obwohl die Leistungsdaten heutiger Prozessoren noch vor wenigen Jahren unvorstellbar gewesen wären, besteht nach wie vor der Wunsch nach mehr Leistung und Geschwindigkeit. Die Ursache hierfür liegt einerseits in der immer komplexer werdenden Software, sowohl bei Betriebssystemen als auch bei Anwendersoftware. Andererseits werden dem PC heute zunehmend Aufgaben übertragen, die enorme Rechenleistungen voraussetzen. Beispiele hierfür sind der digitale Videoschnitt oder aufwändige 3D-Animationen bei Computerspielen.

Der Mikroprozessormarkt ist hart umkämpft und wird von wenigen Firmen beherrscht: Im Bereich der Desktop-PCs dominieren Mikroprozessoren des Marktführers *Intel*, gefolgt von *AMD*.

Seit einigen Jahren geht der Trend in Richtung *Mobile Computing* – Laptops, Notebooks, Netbooks, Tablets und Smartphones werden den „grauen Kisten" vorgezogen. Die Anforderungen an Mikroprozessoren sind hier andere:
- kompakte Bauform,
- geringe Wärmeentwicklung,
- niedriger Stromverbrauch,
- hohe Robustheit.

Um dies zu erreichen, werden Mikroprozessor, Speicherverwaltung und Grafikprozessor zu einem Bauelement zusammengefasst, man spricht von *System-on-a-Chip*, kurz *SoC*. Bei den SoC-Herstellern dominieren derzeit Samsung, Qualcomm und Apple.

System-on-a-Chip (SoC)

Um Platz und Energie zu sparen, werden in Smartphones und Tablets Mikro- und Grafikprozessor in einem Bauteil zusammengefasst. Das Foto zeigt den A10, der von Apple im iPhone 7 verbaut wird.

1.5.2 Funktionsprinzip

Trotz ihrer Komplexität lässt sich die prinzipielle Funktionsweise einer CPU bzw. eines SoC anhand eines vereinfachten Blockschaltbildes erklären:

Core A
Ein Mikroprozessor besitzt mindestens einen Kern (engl.: core), heute kommen aber nur noch Mehrkernprozessoren zum Einsatz. Je nachdem, ob es sich um 2, 4, 6 oder 8 Kerne handelt, spricht man von Dual-Core-, Quad-Core, Hexa-Core- oder Octa-Core-Prozessoren. Der Kern ist das „Gehirn" des Mikroprozessors und dient der Befehlsverarbeitung. Diese findet in einem sich ständig wiederholenden *Befehlszyklus* in vier Schritten statt:
1. Befehl aus dem Arbeitsspeicher oder aus dem Cache holen und in Registern zwischenspeichern.

2. Befehl decodieren und die zur Befehlsausführung erforderlichen Operanden holen. Für einen Additionsbefehl werden beispielsweise zwei Zahlen benötigt.
3. Befehl im Rechenwerk (ALU, Arithmetic Logic Unit) ausführen.
4. Ergebnis speichern.

Takt
Damit der Befehlszyklus fehlerfrei und möglichst schnell abläuft, benötigt der Mikroprozessor einen externen Taktgeber. Die Taktfrequenz wird in GHz (Gigahertz) angegeben und ist ein wichtiger Kennwert des Mikroprozessors.

Nachdem die Taktfrequenz in der Vergangenheit immer weiter gesteigert wurde, ist mittlerweile eine physikalische Grenze erreicht, die keine weitere Steigerung mehr erlaubt. Aus diesem Grund sind andere „Tricks" erforderlich, um die CPU zu beschleunigen.

Blockschaltbild eines Quad-Core-Prozessors

Um Platz zu sparen, werden in heutige Mikroprozessoren immer öfter auch Grafikprozessor (GPU) E und Speicherverwaltung (Memory Controller) D integriert. Man spricht dann von System-on-a-Chip (SoC).

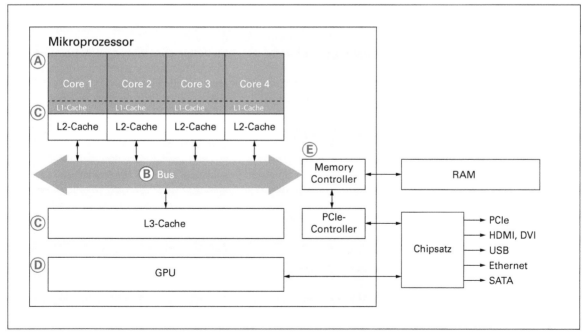

11

Mehrkernprozessor

Die Abbildung zeigt
die Elektronik eines
Quad-Core-Prozes-
sors (Modell: AMD
Phenom X4). Die vier
symmetrisch ange-
ordneten Kerne sind
gut zu erkennen.

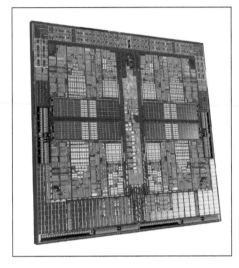

- Eine Möglichkeit ist das sogenannte
  Pipelining, eine quasi parallele Befehlsverarbeitung: Während Befehl 1
  ausgeführt wird, wird Befehl 2 deco-
  diert und Befehl 3 aus dem Speicher
  geholt. Auf diese Weise muss das
  Rechenwerk des Prozessors nicht
  warten.
- Eine weitere Technik, die bei heutigen
  Prozessoren zum Einsatz kommt,
  ist *Hyper-Threading*. Als Thread (dt.:
  Faden) wird in der Informatik eine
  zusammenhängende Befehlsfolge
  bezeichnet. Solche Threads kommen
  bei der Ausführung von Programmen
  vor. Hyper-Threading bewirkt, dass
  der Prozessorkern mehrere Threads
  gleichzeitig bearbeiten kann. Beispiel:
  Wenn für das Öffnen eines Bildes
  in Photoshop die Bilddaten von der
  Festplatte geladen werden müssen,
  dann müsste der Prozessor während
  des Ladevorgangs warten. Hyper-
  Threading ermöglicht ihm nun, in dieser Zeit andere, gleichzeitig geöffnete
  Programme zu bearbeiten.
- Die dritte Möglichkeit ist die Hinzu-
  nahme weiterer Kerne, weil zur Bear-

beitung der Threads dann parallel
mehrere Cores zur Verfügung stehen.
Eine wirkliche Beschleunigung setzt
allerdings voraus, dass die Software
so programmiert wurde, dass die
parallele Verarbeitung durch mehrere
Kerne überhaupt möglich ist. Dies ist
bei älterer Software oft nicht der Fall.

Bus B

Zur Übertragung der Daten, Adressen
oder Steuerinformationen innerhalb
des Prozessors dient ein Bus, der nicht
mit dem bereits erwähnten PCIe-Bus-
system des Mainboards verwechselt
werden darf.

Die Breite des Datenbusses ist ein
Leistungsmerkmal des Mikroprozessors. Sie wird in Bit angegeben und
bezeichnet die Anzahl an parallelen Verbindungen, die zur Übertragung der binären Nullen und Einsen zur Verfügung
stehen. Heutige Prozessoren besitzen
eine Datenbusbreite von 64 Bit, so dass
von 64-Bit-Prozessoren gesprochen wird.

Cache C

Im Vergleich zur hohen Taktfrequenz des
Mikroprozessors wird der Arbeitsspeicher deutlich langsamer getaktet. Da
sich sowohl Programme als auch Daten
im Arbeitsspeicher befinden, würde
dieser den schnellen Mikroprozessor
„ausbremsen".

Die Idee ist nun, einen deutlich
schnelleren Speicher zwischen Arbeitsspeicher und Mikroprozessor zu setzen.
Diese werden als Cache (dt.: Puffer,
Lager) bezeichnet und je nach Platzie-
rung in L1-, L2- und L3-Cache unterteilt,
wobei „L" für Level steht.

- Der *First-Level-Cache* (L1) befindet
  sich direkt im Core und besitzt eine
  Größe von wenigen Kilobyte. Er hält
  die Daten vor, die der Prozessor als
  Nächstes zur Verarbeitung benötigt.

- Der *Second-Level-Cache* (L2) befindet sich in direkter Nähe des Kerns und versucht, die Daten für den L1-Cache vorzuhalten.
- Der im Blockschaltbild auf Seite 11 dargestellte Quad-Core-Prozessor besitzt für alle vier Kerne einen gemeinsamen *Third-Level-Cache* (L3) mit einer Größen von einigen Megabyte. Seine Aufgabe ist es, Daten aus dem Arbeitsspeicher (RAM) für die vier Kerne bereitzustellen.

Memory Controller D

Wie der Name sagt ist der *Memory Controller* für die Speicherverwaltung zuständig. Lesen Sie im Kapitel über Betriebssysteme (Seite 51), wie die Speicherverwaltung funktioniert.

Während die Speicherverwaltung früher immer außerhalb des Mikroprozessors durch eine separate Elektronik erfolgte, wird sie bei heutigen Prozessoren oft in den Mikroprozessor integriert. Die Vorteile liegen auf der Hand: geringerer Platzbedarf, kurze Verbindung zu den Cores, Nutzung der hohen Taktfrequenz des Mikroprozessors.

Grafikprozessor (GPU) E

Für die Grafik, also die Ansteuerung des Monitors oder Displays, wird ein spezieller Prozessor verwendet, der als GPU (Graphic Processing Unit) bezeichnet wird. Noch vor einigen Jahren befand sich dieser Prozessor immer außerhalb des Prozessors, entweder auf dem Mainboard oder auf einer separaten Grafikkarte (siehe auch Seite 27). Wie Sie dem Blockschaltbild entnehmen, kann der Grafikprozessor alternativ auch in den Mikroprozessor bzw. SoC integriert werden. Dies ist immer dann erforderlich, wenn Platz gespart werden muss, z.B. im Gehäuse eines Smartphones oder Tablets. Auch wenn die Leistungsfähigkeit dieser GPUs nicht an externe High-End-Grafikkarten herankommt, so reicht sie für die Standardanwendungen auf diesen Geräten völlig aus.

Thermal Design Power (TDP)

Ein wichtiger Kennwert eines Mikroprozessors ist seine maximale thermische Verlustleistung, die sogenannte TDP. Sie wird in Watt [W] angegeben. Die Spitzenmodelle unter den Mikroprozessoren erreichen Werte über 100 W. Dies deutet zwar auf eine hohe Leistung, aber eben auch auf einen hohen Energieverbrauch und eine hohe Wärmeentwicklung hin, die nur mit Hilfe von Lüftern abgeführt werden kann.

Für mobile Computer, die mit Hilfe eines Akkus betrieben werden, sind Mikroprozessoren mit einer hohen Thermal Design Power ungeeignet, da in diese Geräte keine Lüfter passen und der Akku viel zu schnell entladen würde. Mobile Geräte benötigen aus diesem Grund Mikroprozessoren mit geringer TDP und dennoch ausreichender Leistungsfähigkeit.

Leistungsdaten CPU/SoC		
Kennwert	Einheit	Typische Werte
Kerne (Cores)	–	4 – 16
Taktfrequenz	GHz	2 – 4 GHz
L3-/L2-Cache	MB	4 – 8 MB
TDP	Watt	20 – 130 W
Datenbus	Bit	64 Bit
Hersteller		
Firma	Serie(n)	Einsatz
Intel	Core i3 Core i5 Core i7	Desktop, Laptop
AMD	A-Serie FX-Serie	Desktop, Laptop
Apple	A-Serie	iPad, iPhone
Qualcomm	Snapdragon	Mobile Endgeräte
Samsung	Exynos	Mobile Endgeräte

CPU/SoC

In der Tabelle sind die wichtigsten Kennwerte und Leistungsdaten von Mikroprozessoren zusammengefasst.

1.6 Halbleiterspeicher

1.6.1 Speicherhierarchie

Zur effizienten Verarbeitung von Daten benötigt ein Mikrocomputer unterschiedliche Speicher, die hinsichtlich Speicherkapazität und Zugriffszeit auf die Daten an die jeweilige Aufgabe angepasst sind. Dabei gilt:

> **Grundregel**
>
> Je näher ein Speicher am Mikroprozessor sitzt, umso schneller muss er sein.

Aus diesem Grund werden in Prozessornähe ausschließlich Halbleiterspeicher eingesetzt, weil der elektronische Zugriff auf Daten wesentlich weniger Zeit benötigt als der mechanische Zugriff auf eine Platte oder Scheibe.

Unterschieden werden hierbei die als *Register* bezeichneten prozessoreigenen Speicher, die allerdings nur die gerade aktuellen Befehle bzw. Daten für die Verarbeitung durch das Rechenwerk bereithalten können. In direkter Prozessornähe befinden sich schnelle Zwischenspeicher, die in einen *First-Level-, Second-Level-* und – je nach Prozessor auch noch – einen *Third-Level-Cache* gegliedert sind. Ihre Aufgabe ist es, die aktuell benötigten Befehlsfolgen für den Prozessor bereitzuhalten, indem sie diese aus dem deutlich langsameren *Arbeitsspeicher (RAM)* kopieren.

Der Arbeitsspeicher hält wegen seiner Größe – bei heutigen Computern mindestens 2 GB oder mehr – alle für die Arbeitssitzung benötigten Programme und Daten bereit, indem er sie von der wesentlich langsameren Festplatte kopiert. Heute zeichnet sich die Ablösung der (mechanischen) Festplatten durch SSD-Speicher ab, da es sich hier wiederum um Halbleiterspeicher handelt (siehe Seite 18).

Speicherhierarchie

Im Mikroprozessor bzw. in seiner unmittelbare Nähe befinden sich schnelle Halbleiterspeicher.

Externe (periphere) Speicher sind kostengünstig und besitzen eine hohe Speicherkapazität, sind aber langsamer als Halbleiter.

Eine Ausnahme sind SSD-Speicher: Da es sich hier ebenfalls um Halbleiterspeicher handelt, sind sie in puncto Geschwindigkeit den Festplatten deutlich überlegen.

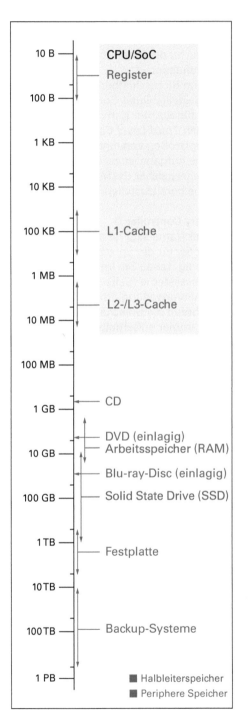

Prozessornahe Speicher (Register, L1-, L2-, L3-Cache, RAM) werden als *interne Speicher* bezeichnet. Auch wenn sich die Festplatte oder ein DVD-Laufwerk ebenfalls innerhalb des Computergehäuses befinden, spricht man hierbei von *externen oder peripheren Speichern*. Diese Unterscheidung erklärt sich durch die unterschiedliche Arbeitsweise beider Gruppen:

Halbleiterspeicher speichern Daten mit Hilfe von elektronischen Bauelementen, die einen schnellen Zugriff auf jede einzelne Speicherzelle ermöglichen. Alle Festplatten und Laufwerke hingegen schreiben die Daten auf sich drehende Scheiben – ein vergleichsweise langsamer Vorgang. Die Familie der Halbleiterspeicher gliedert sich funktionell in zwei Gruppen: Schreib-Lese-Speicher (RAM) und Nur-Lese-Speicher (ROM).

1.6.2 Schreib-Lese-Speicher (RAM)

Der Random Access Memory, kurz RAM, des Computers wird als *Arbeitsspeicher* bezeichnet, weil er ausschließlich als Zwischenspeicher während der aktuellen Computersitzung dient. Beim Ausschalten des Rechners gehen alle Daten im RAM verloren, weshalb man auch von einem *flüchtigen* Speicher spricht. Bei RAM-Bausteinen müssen zwei Untergruppen unterschieden werden:
- dynamische DRAM und
- statische SRAM.

DRAM
Ein dynamischer oder DRAM-Baustein speichert ein Bit mit Hilfe eines einzigen Transistors. Dadurch lässt sich eine sehr hohe Anzahl an Speicherzellen auf kleinstem Raum unterbringen. Nachteilig dabei ist, dass sich die winzigen

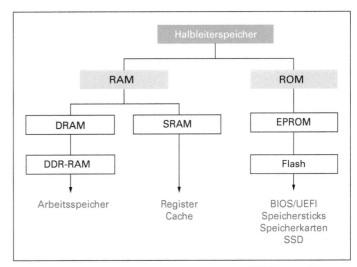

Bauelemente schnell entladen und die gespeicherte Information deshalb ständig aufgefrischt werden muss (Refresh-Zyklus). Die hierfür benötigte Zeit geht zu Lasten der Zugriffszeit auf den Speicher. Aufgrund ihrer kompakten Bauweise und der geringen Kosten werden DRAM-Module als Arbeitsspeicher genutzt. Heutige Computer besitzen in der Regel mindestens 2 GB Arbeitsspeicher, häufig kommen 8 GB oder mehr zum Einsatz. Je mehr Arbeitsspeicher ein Computer besitzt, umso schneller wird er.

In heutigen Computern wird vorwiegend DDR-Technologie eingesetzt, wobei die Abkürzung für „Double Data Rate" steht. Bei jedem Takt werden hierbei zwei Datenwörter übertragen. Die Erweiterung DDR2 steigert die Rate

Halbleiterspeicher
Für den großen, aber vergleichsweise langsamen Arbeitsspeicher werden DRAM-Speicher verwendet.

Der schnelle Pufferspeicher (Cache) des Prozessors verwendet SRAM.

Daten, die auch ohne Stromversorgung erhalten bleiben sollen, müssen in einem EPROM gespeichert werden.

Arbeitsspeicher
Modell: 8 GB DDR3-RAM von HP

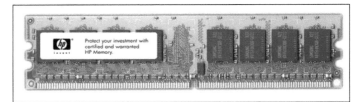

auf vier Datenwörter, DDR3 auf acht und bei DDR4 sind es bereits sechzehn Datenwörter.

SRAM

Ein statischer oder SRAM-Baustein verwendet zum Speichern eines Bits nicht ein einziges Bauelement, sondern eine Schaltung aus mehreren Transistoren. Dies hat den Nachteil, dass Platzbedarf und Kosten pro Megabyte deutlich höher sind als beim DRAM-Baustein. Der Vorteil hierbei ist, dass die zeitintensiven Refresh-Zyklen entfallen und SRAM-Speicher somit eine sehr geringe Zugriffszeit besitzen. Dies erklärt, weshalb SRAM als schneller Zwischenspeicher (Cache) zwischen DRAM und Mikroprozessor eingesetzt wird. Eine Steuerlogik sorgt dafür, dass die voraussichtlich benötigten Daten vom RAM in den Cache kopiert werden. Der Mikroprozessor hat in diesem Fall einen wesentlich schnelleren Zugriff auf diese Daten. Die Größe der Cache-Speicher beträgt je nach Level (L1, L2, L3) zwischen Kilobyte (KB) und Megabyte (MB).

1.6.3 Nur-Lese-Speicher (ROM)

In einen Nur-Lese-Speicher (Read Only Memory, ROM) können – wie der Name sagt – keine Daten geschrieben werden. Sein Vorteil besteht jedoch darin, dass er seine Daten nicht verliert, wenn der Computer ausgeschaltet wird, man spricht von einem *nichtflüchtigen* Speicher. Beim Starten eines Computers greift der Mikroprozessor deshalb zunächst auf einen ROM-Baustein mit dem BIOS (Basic Input Output System) bzw. dessen Nachfolger UEFI (Unified Extensible Firmware Interface) zu. BIOS bzw. UEFI liefern alle benötigten Informationen zur Erkennung der vor-

handenen Hardware. Erst danach kann das Betriebssystem von der Festplatte gestartet (gebootet) werden.

Auch bei ROM-Bausteinen besteht der Wunsch, dass sie nicht nur lesbar, sondern auch beschreibbar sind, z. B. für ein Firmware-Update. Aus diesem Grund kommen sogenannte EPROMs (Erasable Programmable ROM) zum Einsatz, wobei die Bezeichnung eigentlich unsinnig ist, weil es damit ja keine *Nur-Lese*-Speicher mehr sind.

Merken Sie sich deshalb lieber die ebenfalls übliche Bezeichnung *Flash-Speicher*. Sie vereinen die Vorteile von RAM (Schreib-Lese-Speicher) und ROM (nichtflüchtiger Speicher) und haben in Form von Speicherkarten und Speichersticks, z. B. in Smartphones, Digitalkameras und MP3-Playern, einen Siegeszug angetreten. Darüber hinaus ersetzen Flash-Speicher als sogenannte *Solid State Drives (SSD)* immer häufiger die Festplatte des Computers und machen ihn dadurch schneller und robuster. Weitere Informationen zu Flash-Speichern finden Sie auf Seite 18.

Leistungsdaten Arbeitsspeicher		
Kennwert	Einheit/Art	Typische Werte
Speicher-kapazität	GB	2 – 8 GB
Typ	DDR (Double Data Rate)	DDR3, DDR4
Zugriff	RAM (Schreib-Lese-Speicher)	–
Art	flüchtig (Daten gehen ohne Strom verloren)	–
Datenrate	GB/s	12,8 GB/s[1] (DDR3) 19,2 GB/s[1] (DDR4)

1) Beispiele, die Werte hängen von mehreren Parametern wie Taktfrequenz und Bauform ab.

1.7 Periphere Speicher

1.7.1 Speicherverfahren

Im Bereich der externen Speicher kommen drei unterschiedliche Verfahren zum Einsatz:

Magnetische Speicher
Beim magnetischen Speicherverfahren wird eine magnetisierbare Schicht durch einen sehr feinen Elektromagneten entsprechend der binären Information magnetisiert. Vereinfacht gesagt heißt dies: Eine binäre Eins wird durch einen magnetischen Südpol gespeichert, eine binäre Null durch einen magnetischen Nordpol. Dieses Speicherverfahren wird bei Festplatten und Bandlaufwerken angewandt.

Der große Vorteil besteht darin, dass Platten oder Bänder jederzeit gelöscht und neu beschrieben werden können. Nachteilig ist die hohe Empfindlichkeit gegenüber äußeren Magnetfeldern und thermischen Einflüssen.

Optische Speicher
Bei beschreibbaren CDs, DVDs und Blu-ray-Discs werden die Informationen mit Hilfe eines optischen Verfahrens gespeichert. Im Laufwerk „brennt" ein Laserstrahl das binäre Informationsmuster als Erhöhungen (Land) und Vertiefungen (Pit) in eine Metallschicht. Größere Auflagen werden nicht gebrannt, sondern mit Hilfe eines Zwischenträgers aus Glas gepresst.

Beim Lesen der Medien werden die Informationen durch die unterschiedliche Reflexion der Pits und Lands wiedergewonnen.

Vorteil der optischen Datenspeicher ist die relativ große Unempfindlichkeit gegenüber äußeren Einflüssen. Selbst kleine Kratzer können durch entsprechende Korrekturverfahren eliminiert werden. Was die Haltbarkeit anbelangt,

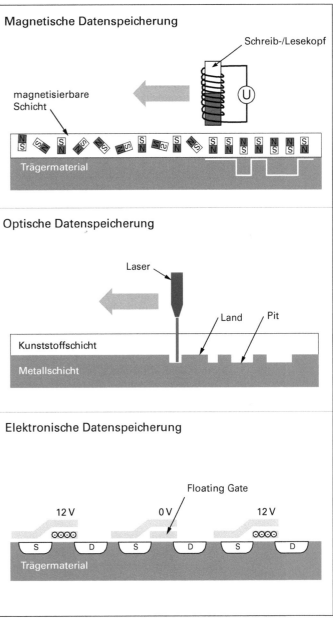

erweisen sich optische Medien als problematisch. Manche CDs oder DVDs sind bereits nach wenigen Jahren nicht mehr lesbar.

Speicherverfahren
Magnetische und optische Speicher werden zunehmend durch Halbleiterspeicher ersetzt.

Halbleiterspeicher (Flash-Speicher)

Halbleiter- oder Flash-Speicher bestehen aus winzigen elektronischen Schaltern (Transistoren). Im ungeladenen Zustand kann ein Strom zwischen Source (S) und Drain (D) fließen. Dies entspricht einer binären „0". Wird nun über eine Spannung das sich zwischen Source und Drain befindliche Gate geladen, ist der Stromfluss nicht mehr möglich, das Bit wird auf „1" gesetzt. Da die Ladung erhalten bleibt, funktioniert der Speicher ohne äußere Stromversorgung. Zum Löschen des Speichers müssen die Gates lediglich wieder entladen werden.

Flash-Speicher bieten neben ihrer kompakten Bauweise den Vorteil eines schnellen Datenzugriffs. Speichersticks und -karten sind in zahlreichen Ausführungen erhältlich. Ihr Einsatz ist überall dort, wo kein Platz für größere Laufwerke vorhanden ist, zum Beispiel in MP3-Playern, Digitalkameras, Smartphones und Tablets.

Wie im nächsten Abschnitt beschrieben, ersetzen Flash-Speicher als sogenannte Solid State Drives (SSD) zunehmend auch die (mechanische) Festplatte von Laptops oder Computer. Die Preise für SSD-Platten sind allerdings höher.

1.7.2 Festplatten

HDD

Ihren Namen hat die mechanische Festplatte daher, dass sie aus einer oder mehreren beschichteten Aluminiumscheiben besteht, die sich mit sehr hoher Geschwindigkeit drehen. Sie wird deshalb auch als Hard Disc Drive (HDD) bezeichnet.

Zwischen den Platten bewegen sich die Schreib- und Leseköpfe auf einem kammförmigen Träger hin und her (siehe Foto). Es handelt sich dabei

Festplatte (HDD)
Das Foto zeigt die acht übereinander angeordneten Scheiben einer Seagate-Platte.

um winzige Elektromagnete, die beim Schreibvorgang die Scheibe magnetisieren und beim Lesevorgang die magnetisierte Stelle in ein elektrisches Signal umwandeln.

Entscheidend für das Funktionieren der Festplatte ist, dass keine der Scheiben durch einen Schreib-/Lesekopf jemals berührt wird. Dieser sogenannte Headcrash führt zur Zerstörung der Festplatte.

SSD

In allen mobilen Geräten ist der Platz knapp und die Akkulaufzeit begrenzt, so dass keine HDDs verbaut werden können. Als Alternative kommen hier Flash-Speicher zum Einsatz, die – wenn sie als Festplatte dienen – als Solid State Drive (SSD) bezeichnet werden.

Ein großer Vorteil von SSD ist, dass sie deutlich schneller sind als mechanische Platten. Außerdem ist ihre Unempfindlichkeit gegenüber Erschütterungen und äußeren Störeinflüssen von großem Vorteil, da mobile Geräte im schlimmsten Fall auch einmal auf den Boden fallen können.

Hybrid-Platten

Da der Preis für SSDs noch deutlich über dem Preis von mechanischen Festplatten liegt, kommt (noch) häufig eine Kombination aus HDD und SSD zum Einsatz. Man spricht dann von einer Hybrid-Festplatte.

Datensicherheit – RAID

Nicht nur in Firmen, sondern auch bei der privaten Nutzung eines Computers ist es wichtig, die Daten vor Verlust zu schützen. Am einfachsten kann dies durch Kopieren der gesamte Daten auf eine externe Festplatten erfolgen.

Um die Ausfallsicherheit zu erhöhen, kommen sogenannte RAID-Systeme (Redundant Array of Independent Disks) zu Einsatz. Dabei werden Daten durch einen RAID-Controller auf mehrere Festplatten verteilt, so dass bei Ausfall einer Festplatte die gesamte Information wiedergewonnen werden kann.

Unterschieden werden acht RAID-Level, wobei vorzugsweise die Level 0, 1 und 5 eingesetzt werden:

- *RAID Level 0*
  Die Daten werden in Blöcke zerlegt und abwechselnd auf zwei (oder mehr) Festplatten verteilt. Dies erhöht zwar die Sicherheit der Daten nicht, verdoppelt aber die Zugriffsgeschwindigkeit, weil gleichzeitig auf zwei Platten zugegriffen wird.
- *RAID Level 1*
  Auch hier werden die Daten auf zwei Platten verteilt, allerdings wird jeder Datenblock auf zwei Platten gespeichert. Es handelt sich also um eine Datenspiegelung (Mirroring), so dass bei Ausfall einer Platte die Daten auf der anderen Platte erhalten sind.
- *RAID Level 5*
  Einen Kompromiss zwischen hoher Performance (RAID Level 0) und hoher Sicherheit (RAID Level 1) stellt

RAID Level 5 dar. Alle Daten werden auch hier in Blöcke aufgeteilt und auf mindestens drei Platten gespeichert. Anstatt die Daten jedoch komplett zu spiegeln, werden Prüfsummen der jeweiligen Blöcke gebildet, mit deren Hilfe sich die Daten bei Verlust rekonstruieren lassen. Die hierfür benötigte Plattenkapazität ist geringer als bei einer Spiegelung (siehe Grafik: 6 Blöcke statt 8 Blöcke bei RAID Level 1).

Hundertprozentige Sicherheit bietet keines der vorgestellten RAID-Verfahren, da gleichzeitig zwei Platten oder der RAID-Controller ausfallen können. Eine Rekonstruktion der Daten wäre unter diesen Umständen nicht mehr möglich.

RAID-Syteme
RAID Level 0 bringt keine Datensicherheit, RAID Level 1 erfordert doppelte Plattenkapazität. RAID Level 5 stellt einen guten Kompromiss zwischen Speicherplatzbedarf und Datensicherheit dar.

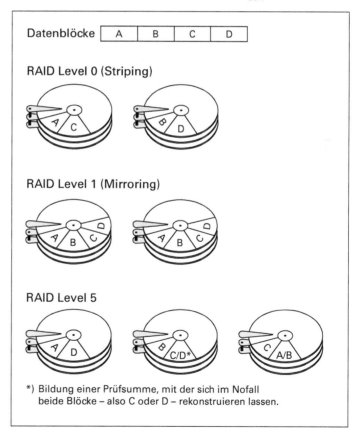

Datenblöcke | A | B | C | D

RAID Level 0 (Striping)

RAID Level 1 (Mirroring)

RAID Level 5

*) Bildung einer Prüfsumme, mit der sich im Nofall beide Blöcke – also C oder D – rekonstruieren lassen.

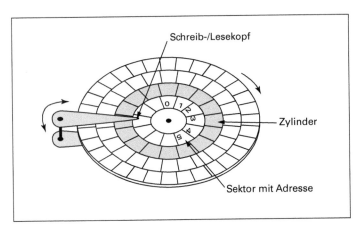

Schreib-/Lesekopf

Zylinder

Sektor mit Adresse

LBA-Adressierung

Festplatten werden in Sektoren unterteilt. Jeder Sektor erhält eine Adresse, so dass ein eindeutiger Datenzugriff möglich ist.

Speicherverwaltung

Zur Datenverwaltung verwenden Festplatten die sogenannte LBA-Adressierung (Logical Block Addressing). Das Verfahren teilt jede Platte in konzentrische Kreise (Zylinder) auf, die ihrerseits in gleich große Sektoren unterteilt werden (siehe Grafik). In jedem Sektor können typischerweise 4 KB Daten gespeichert werden. Für den Lese- oder Schreibzugriff erhält jeder Sektor eine eindeutige Adresse. Die maximale Datenmenge ergibt sich aus der Anzahl der Sektoren mal der Speicherkapazität pro Sektor.

Das Adressierungsverfahren kommt auch bei SSD zur Anwendung, nur dass sich die Sektoren dort nicht auf Metallscheiben befinden, sondern aus Halbleitern bestehen.

Festplatten gibt es als HDD mit einer Speicherkapazität von bis zu zwölf Terabyte, als SSD sind derzeit zwei Terabyte erhältlich (Stand: 2017). Damit Sie sich eine Vorstellung von diesen riesigen Datenmengen machen können, führen wir ein Rechenbeispiel durch: Als MP3 gespeicherte Songs besitzen eine durchschnittliche Datenmenge von 5 MB. Berechnen Sie die Anzahl an MP3s, die auf eine 10-TB-Platte passen:

```
5 MB              | : 1.024
= 0,0048828 GB    | : 1.024
= 0,0000004768 TB
10 TB : 0,0000004768 TB
≈ 2,1 Mrd.
```

Die Platte dürfte also auch für die allergrößte MP3-Sammlung ausreichen!

Zusammenfassung

In der Tabelle finden Sie die Leistungsdaten von Festplatten. Wie Sie an den Zahlen erkennen, sind SSDs in puncto Datenrate den Harddiscs deutlich überlegen. Letztere bieten dafür höhere Speicherkapazitäten zu einem deutlich geringeren Preis (Stand: 2017).

Leistungsdaten HHD / SSD			
Kennwert	Einheit	HDD	SSD
Speicherkapazität	GB, TB	1 TB – 8 TB	250 GB – 1 TB
Bauform	inch (Zoll)	2,5 inch oder 3,5 inch	
Schnittstelle	–	SATA, PCIe (intern) USB 3 (extern)	
Datenrate	MB/s	80 – 120 MB/s	500 – 2500 MB/s
Kosten	Cent/GB	5 – 10 Cent/GB	30 – 40 Cent/GB

1.7.3 CD (Compact Disc)

Die erste Compact Disc wurde 1982 als Nachfolger der Schallplatte vorgestellt und zum großen Erfolg. Selbst heute, 35 Jahre später, haben noch immer viele eine CD-Sammlung im Regal. Dennoch ist zu vermuten, dass die weitgehende Ablösung von CD, DVD und vermutlich bald auch Blu-ray-Disc durch Flash- und Cloud-Speicher sowie Streaming-Dienste aus dem

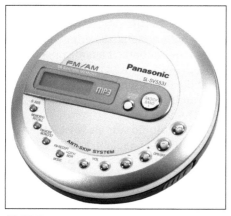

CD-Walkman
Kaum mehr vorstellbar, dass man einmal stolz darauf war, einen „CD-Walkman" durch die Gegend zu schleppen...

Internet sowohl bei Musik und Video als auch bei Daten unaufhaltsam ist. Viele aktuelle Computermodelle besitzen kein Laufwerk mehr, so dass die Nutzung von CDs oder DVDs nur noch mit Hilfe eines externen Laufwerks möglich ist.

Für die Compact Disc gibt es verschiedene Spezifikationen, die hier kurz zusammengefasst werden sollen:

- *Audio-CD (CD-DA)*
  Auf einer Audio-CD können knapp 80 Minuten Musik unkomprimiert, also in der ursprünglichen Qualität, gespeichert werden. Die einzelnen Songs werden nicht als Dateien, sondern als Tracks gespeichert. Zur Konvertierung der Tracks in MP3-Dateien ist eine spezielle Software (Audio-Grabber) erforderlich. Dies ist mit einem Qualitätsverlust verbunden. Umgekehrt können mit einem CD-Brenner auch Audio-CDs geschrieben werden (Disc-at-once).

- *CD-ROM*
  Eine CD-ROM kann – wie der Name ROM (Read Only Memory) sagt – gelesen, aber nicht beschrieben werden.

Sie besitzt eine maximale Datenmenge von ca. 800 MB. CD-ROMs werden nicht mittels Laser gebrannt, sondern in industrieller Fertigung gepresst.

- *CD-R/CD-RW*
  Bei CD-R (Recordable) handelt es sich um einmal beschreibbare, bei CD-RW (Rewritable) um mehrmals beschreibbare CDs.

- *Video-CD (VCD)*
  Die Video-CD wurde durch die Video-DVD abgelöst und hat keine Bedeutung mehr.

1.7.4 DVD (Digital Versatile Disc)

Mit der DVD steht seit 1995 ein Speichermedium zur Verfügung, das, im Vergleich zur CD, die bis zu 25-fache Datenmenge auf einem Rohling gleicher Größe speichern kann. Seit einigen Jahren hat die DVD mit der Blu-ray-Disc im Videobereich starke Konkurrenz bekommen. Aufgrund der immer besser werdenden Internetanbindungen ist allerdings zu erwarten, dass eine Ablösung der DVD (und Blu-ray-Disc) durch Streaming-Angebote in naher Zukunft bevorsteht.

Spezifikationen
Wie so oft konnte sich die Industrie auf keinen Standard einigen, so dass es mehrere DVD-Spezifikationen gibt:

- *DVD-Video*
  Der Haupteinsatzbereich der DVD liegt im Videobereich, das Angebot ist riesig. Auf einer DVD-Video können 4,7 GB Daten gespeichert werden. Hierdurch lassen sich Videos in einer Auflösung von 720 · 576 Pixel (PAL-Format) MP2-codiert abspeichern. Um eine DVD-Video abspielen zu können,

ist ein Decoder erforderlich, der die Datenkompression rückgängig macht. Decoder gibt es als Hardware- oder Software-DVD-Player. Zur Produktion einer DVD-Video ist ein DVD-Authoring-Programm erforderlich. Dieses ermöglicht die Zusammenstellung aller (Teil-)Videos, das Erstellen einer Menü- sowie einer Szenenstruktur, mit deren Hilfe später an bestimmte Stellen des Videos gesprungen werden kann.

- *DVD-ROM*
Eine DVD-ROM stellt analog zur CD-ROM einen Nur-Lese-Speicher für den PC dar. In der einseitigen und einschichtigen Ausführung kann sie bis zu 4,7 GB an Daten enthalten, so dass der Inhalt von etwas mehr als sieben CDs auf einer DVD-ROM untergebracht werden kann. Computerspiele oder Programme finden damit oft auf einer einzigen Scheibe Platz.

- *DVD±R*
Im Bereich der einmalig beschreibbaren DVDs gibt es zwei Spezifikationen (+ und -), die sich lediglich in Details unterscheiden, aber unterschiedliche Rohlinge erfordern.

- *DVD±RW/DVD-RAM*
Bei den wiederbeschreibbaren DVDs

gibt es zusätzlich zu DVD±RW auch noch die DVD-RAM, die sich durch eine höhere Datensicherheit und bessere Haltbarkeit auszeichnen soll. Durch immer größere Flash-Speicher hat die Bedeutung aller beschreibbaren DVDs stark abgenommen.

- *DVD-Audio*
Die DVD-Audio war als Nachfolger der Audio-CD geplant, konnte sich aber wie auch die SACD (Super-Audio-CD) nicht durchsetzen. Trotz der schlechteren Musikqualität bevorzugen die Nutzer MP3s oder Streaming-Dienste aus dem Internet.

Speicherkapazitäten

Abgesehen von den verschiedenen Spezifikationen unterscheiden sich DVDs hinsichtlich ihrer Speicherkapazität. Ursache hierfür ist, dass eine DVD ein- oder zweifach beschichtet werden kann (Single oder Double Layer) und zusätzlich nur eine oder beide Seiten der DVD beschrieben werden können (Single oder Double Sided).

Typ	Kapazität	Art	Videolänge
DVD-5	4,7 GB	SL/SS	ca. 2 h
DVD-9	8,5 GB	DL/SS	ca. 3,5 h
DVD-10	9,4 GB	SL/DS	ca. 4 h
DVD-18	17 GB	DL/DS	ca. 7 h

Von den vier Möglichkeiten werden vorwiegend DVD-5 und DVD-9 genutzt, da für noch höhere Datenmengen Blu-ray-Discs zur Verfügung stehen.

Regionalcodes

Um zu verhindern, dass DVD-Videos weltweit abgespielt werden können, sind alle DVD-Videos mit einem Regionalcode (siehe Grafik) versehen, der beim Abspielen durch den Player überprüft wird. Eine DVD aus den USA mit Regionalcode 1 können Sie mit einem

DVD-Regionalcodes

DVD-Videos sind mit einer Länderkennung versehen.

A USA, Kanada
B Europa, Japan, Mittlerer Osten, Südafrika
C Südostasien, Taiwan
D Mittel- und Südamerika, Australien
E Afrika, Russland, Indien, Pakistan
F China

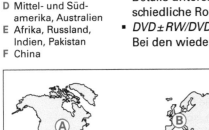

hiesigen DVD-Player nicht abspielen, da bei uns der Regionalcode 2 gilt. Das Umgehen des Regionalcodes ist nach dem deutschen Urheberrecht verboten. Ebenso untersagt ist das als Rippen bezeichnete Konvertieren von Videos von DVD auf Festplatte.

1.7.5 BD (Blu-ray-Disc)

 Den stetig wachsenden Datenmengen, v. a. durch die Verbreitung von Full-HD-Video, wurde mit der Blu-ray-Disc Rechnung getragen. Aktuell (Stand: 2017) werden im Vergleich zu DVD-Videos etwa halb so viele Blu-ray-Discs verkauft.

Der Name „Blu-ray" kommt von blauer Strahl und weist darauf hin, dass im Unterschied zur DVD ein blauer Laser zum Einsatz kommt. Da blaues Licht kurzwelliger ist als rotes Licht, lassen sich die Daten dichter auf die Scheibe „packen" als bei einer DVD.

Auf eine Seite einer BD passen einlagig (Single Layer) 25 GB und zweilagig (Double Layer) 50 GB. Auch mehrlagige Scheiben mit 100 GB (BDXL) sind bereits verfügbar, die 1-TB-Disc ist in Planung.

Wofür werden solche Datenmengen benötigt? Neben den bereits erwähnten hochauflösenden Videos sind dies die immer fotorealistischer werdenden Computerspiele. Sowohl die Playstation von Sony als auch die Xbox One von Microsoft ist mit einem BD-Player ausgestattet.

BD für Video
Wegen der deutlich höheren Speicherkapazität im Unterschied zur DVD ermöglicht BD das Abspeichern von Videos im Full-HD-Format mit 1.920 · 1.080 Pixel. Wem diese Qualität noch immer nicht ausreicht, der kann auf die neueste Entwicklung, die Ultra HD Blu-ray, zurückgreifen, die Videos in der Auflösung 3840 · 2160 Pixel speichern.

BD für Daten
Zum Abspielen bzw. Beschreiben der Blu-ray-Discs gibt es drei Varianten:
- *BD-ROM*
  „Read Only Memory" steht für lesbar, aber nicht beschreibbar.
- *BD-R*
  Auch hier steht „R" für „recordable", also einmalig beschreibbar.
- *BD-RE*
  Die Bezeichnung „RE" steht für „recordable erasable", vergleichbar mit „RW" bei CD und DVD.

Blu-ray-Laufwerke sind abwärtskompatibel und kommen somit auch mit DVDs und CDs zurecht.

Regionalcodes
Auch für Blu-ray-Discs gibt es Regionalcodes, deren Einteilung allerdings nicht mit den Regionalcodes der DVDs übereinstimmt. Aus Nutzersicht erfreulich ist, dass etliche Hersteller derzeit auf die Verwendung von Regionalcodes

BD-Regionalcodes
Auch Blu-ray-Videos sind mit einer Länderkennung versehen.
A Nord- und Südamerika, Japan, Korea, Taiwan
B Europa, Afrika, Australien, Naher Osten
C Russland, Indien, China, Zentral- und Südasien

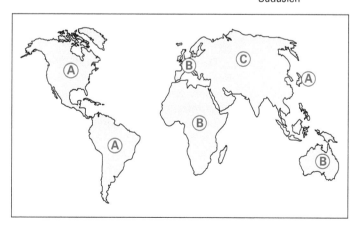

verzichten. Vielleicht war dies auch ein Marketing-Schachzug, der zur Verbreitung der BD führen sollte.

Zusammenfassung
In der Tabelle sind die Leistungsdaten von DVD- und BD-Video vergleichend gegenübergestellt:

Leistungsdaten DVD-Video/BD			
Kennwert	Einheit	DVD-Video	BD-Video
Speicher-kapazität	GB	4,7 GB (SL) 8,5 GB (DL)	25 GB (SL) 50 GB (DL)
Durchmesser	cm	12 cm	12 cm
Auflösung	px (Pixel)	720 · 576 px	1.920 · 1.080 px
max. Dauer	h (Std)	2 h	2 h
Datenrate	MBit/s	11 MBit/s	36 MBit/s

1.7.6 Herstellung einer CD/DVD/BD

Für die Herstellung einer CD, DVD oder BD gibt es zwei Verfahren: brennen oder pressen.

CD/DVD/BD brennen
Heutige Computer verfügen häufig über kein eingebautes Laufwerk mehr, so dass Sie in diesem Fall auf ein externes Laufwerk zurückgreifen müssen, das über USB angeschlossen wird. Die Geräte sind abwärtskompatibel, d. h., dass ein BD-Brenner auch DVDs und CDs schreiben kann.

Damit die Datenträger auf allen Betriebssystemen gelesen werden können, empfiehlt es sich, diese im sogenannten Universal Disc Format (UDF) zu brennen. UDF liegt in verschiedenen Spezifikationen vor:
- UDF 1.0   CD
- UDF 1.01   DVD
- UDF 2.50   BD-RE
- UDF 2.60   BD-R

CD/DVD/BD pressen
Für eine größere Auflage werden die Datenträger nicht gebrannt, sondern in einem Presswerk hergestellt. Hierzu müssen die Daten zunächst auf einen mit einem lichtempfindlichen Material beschichteten Glasträger übertragen werden. Nach dessen Belichtung wird eine hauchdünne Nickelschicht aufgedampft – der Glasmaster ist fertig.

In einem galvanischen Prozess wird die Nickelschicht verstärkt, die nun die Erhöhungen und Vertiefungen (Pits und Lands) spiegelbildlich enthält. Diese Matrize wird zur Auflagenproduktion unter hohem Druck auf Kunststoffscheiben aus Polycarbonat gepresst. Im Anschluss werden die Rohlinge mit einer Reflexionsschicht aus Aluminium, einem Schutzlack sowie einer bedruckbaren Oberflächenbeschichtung versehen. Die Oberfläche kann nun mit dem Cover bedruckt werden.

1.7.7 Speicherkarten

Den Einsatz von Flash-Speicher als Festplattenersatz (Solid State Drives) haben Sie auf Seite 18 bereits kennengelernt. Vorteile der Halbleiterspeicher:
- Große Speicherkapazität auf sehr kleinem Raum
- Deutlich höhere Geschwindigkeit beim Datenzugriff im Vergleich zu mechanischen oder optischen Speichern
- Keine mechanischen Verschleißteile wie bei rotierenden Scheiben, deshalb auch unempfindlich gegen Erschütterungen
- Geringer Strombedarf, deshalb für Akkubetrieb ideal
- Keine störenden Geräusche durch sich drehende Platte
- Unempfindlichkeit gegenüber Magnetfeldern

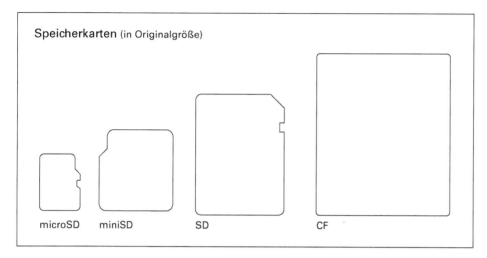

Speicherkarten (in Originalgröße)

microSD   miniSD   SD   CF

Speicherkarten

Im Bereich der Speicherkarten haben sich SD-Karten durchgesetzt. Die deutlich größeren CF-Karten kommen überwiegend im Bereich der Fotografie vor.

Flash-Speicherkarten eignen sich damit ideal für alle Geräte, die mit Akkus betrieben werden und in denen Platz Mangelware ist: Digitalkameras, MP3-Player, Notebooks, Tablets, Smartphones usw. Noch vor einigen Jahren gab es zahlreiche unterschiedliche Formate, heute haben sich SD-Karten weitgehend durchgesetzt.

- *Secure Digital (SD)*
  SD-Karten werden nur noch als SDHC- (High Capacity) oder SDXC-Karten (Extreme Capacity) in drei Bauformen angeboten. Neben der unterschiedlichen Speicherkapazität unterscheiden sich SD-Karten vor allem durch ihre Datenrate. Schnelle Karten finden Sie unter der Bezeichnung UHS (Ultra High Speed).
- *CompactFlash (CF)*
  Bei CompactFlash handelt es sich um ein Nischenprodukt, das vor allem im Bereich der professionellen Fotografie zum Einsatz kommt. Beachten Sie, dass es zwei Bauformen mit unterschiedlicher Dicke gibt (Typ I und II).
- *USB-Drive (Flash-Drive, USB-Stick)*
  Der Preisverfall bei den handlichen Flash-Speichern mit USB-Anschluss

hat dazu geführt, dass das Brennen von CDs oder DVDs für den Datentransport überflüssig wurde. USB-Sticks werden mit immer größerer Kapazität angeboten – es gibt bereits ein 2-TB-Modell. Durch USB 3.0 bzw. 3.1 kann eine sehr hohe Datenrate erreicht werden (siehe Seite 8).

1-TB-Stick

Dieser USB-Stick von Kingston besitzt die unglaubliche Datenmenge von 1 TB.

Leistungsdaten Speicherkarten				
Kennwert	Einheit	SD	CF	USB-Stick
Speicherkapazität	GB	SDHC: bis GB SDXC: bis 1 TB	bis 512 GB	bis 2 TB
Bauform	mm	SD: 32 · 24 miniSD: 20 · 21,5 microSD: 11 · 15	36,4 · 42,8	diverse Bauformen
Datenrate	MB/s	bis 300 MB/s	bis 350 MB/s	150 – 250 MB/s

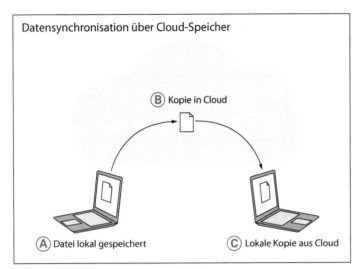

Datensynchronisation über Cloud-Speicher

 Kopie in Cloud

A Datei lokal gespeichert   C Lokale Kopie aus Cloud

Cloud-Speicher

In einer Cloud können Sie Ihre Dateien nicht nur speichern, sondern auch mit beliebig vielen Computern synchronisieren.

1.7.8 Cloud-Speicher

Cloud-Speicher, also die Nutzung von Speicherplatz im Internet, sind beliebt und werden in großer Zahl, oft sogar kostenlos, angeboten. Ihr großer Vorteil besteht darin, dass Sie auf den Speicher mit jedem Endgerät zugreifen können, das mit dem Internet verbunden ist. Dateien können von Ihnen freigegeben werden, so dass auch andere Personen diese Dateien downloaden oder bearbeiten können.

Ein weiterer Vorteil ist, dass sich die Dateien mit den lokal gespeicherten Daten synchronisieren lassen. Ändern Sie eine Datei auf Computer **A**, wird die Änderung in die Cloud **B** übernommen. Wechseln Sie zu einem Computer **C**, dann synchronisiert sich dieser mit der Cloud und verfügt somit über die aktuelle Datei (siehe Grafik). Das System dient also auch als Datenbackup nach RAID Level 1 (siehe Seite 19).

Neben den vielen Aspekten, die für die Verwendung von Cloud-Speichern sprechen, gibt es jedoch auch bedenkenswerte Argumente dagegen:

Datensicherheit

Ihre Daten bzw. Dateien befinden sich irgendwo auf einem Webserver – Sie wissen nicht wo, und Sie wissen auch nicht, was mit den Daten passiert, wenn es den Anbieter nicht mehr gibt. Hier kann die automatische Synchronisation der Daten zum Verhängnis werden: Werden Dateien im Cloud-Speicher gelöscht, dann werden sie auch lokal gelöscht. Ein zusätzliches, von der Cloud unabhängiges Backup ist deshalb dringend anzuraten.

Datenschutz

Viele Dienste sind vermeintlich kostenlos. Firmen sind jedoch keine Wohltätigkeitsvereine, sondern verfolgen kommerzielle Interessen, was ja auch ihr gutes Recht ist. Sie bezahlen deshalb auch bei „kostenlosen" Angeboten letztlich immer mit Ihren Daten. Daten sind für Firmen von unschätzbarem Wert. Je mehr eine Firma über Ihr Kauf- und Freizeitverhalten oder – noch schlimmer – über Ihren Gesundheitszustand weiß, umso gezielter kann sie via Internet passgenaue Angebote machen, ohne dass Sie dies überhaupt merken.

Insbesondere in den USA wird der Umgang mit Datenschutz und Urheberrecht deutlich lockerer gehandhabt als bei uns, so dass fraglich ist, ob Sie Microsoft, Apple, Google & Co. Ihre Daten anvertrauen wollen. Tun Sie dies doch, sollten Sie zumindest folgende Maßnahmen treffen:

- Zugriffsschutz auf den Cloud-Speicher durch sicheres Passwort
- Kein Upload (oder Verschlüsselung) von personenbezogenen Daten
- Auswahl eines Cloud-Dienstes mit Servern in Deutschland oder Einrichtung eines eigenen Webservers, z. B. mit Hilfe der Open-Source-Software ownCloud.

1.8 Grafik

Um jeden Bildpunkt (Pixel) eines Monitors oder Displays mit Farbinformationen zu versorgen, benötigt der Computer einen Grafikprozessor *(Graphic Processing Unit, GPU)* sowie einen Speicher für die Bilddaten. Hierfür gibt es prinzipiell drei Möglichkeiten:

- Die *Grafikkarte* bildet eine eigene Einheit, die in einen Steckplatz (Slot) des Mainboards eingesteckt wird. Diese Variante wird nur noch benötigt, wenn eine sehr hohe Leistung gewünscht wird, z. B. für Echtzeitspiele.
- Der *Grafikprozessor* ist in das Mainboard integriert und damit nicht austauschbar. Der Vorteil dieser Variante ist einerseits der geringere Platzbedarf und andererseits eine optimale Anpassung der Grafik an Mainboard und Mikroprozessor.
- Der Grafikprozessor wird Bestandteil des Mikroprozessors, man spricht in diesem Fall von einem Ein-Chip-System *(SoC, System-on-a-Chip).* Diese Variante kommt bei allen kompakten mobilen Geräte wie Smartphones und Tablets zum Einsatz, weil hier wenig Platz zur Verfügung steht und der Energiebedarf möglichst gering sein muss.

1.8.1 Grafikprozessor

Das „Gehirn" der Grafikausgabe ist – wie bereits erwähnt – der Grafikprozessor (GPU). Er ist für die Berechnung der Bilder zuständig, die sich aus einzelnen Pixeln zusammensetzen. Solange es sich um zweidimensionale Darstellungen ohne Animation handelt, ist der Rechenaufwand des Grafikprozessors überschaubar. Beispiel: Für den HD-Grafikstandard $1.920 \cdot 1.200$ Pixel müssen für ein Bild $1.920 \cdot 1.200 =$ 2,3 Millionen Pixel berechnet werden. Durch die hohe Taktfrequenz der GPU ist diese Anzahl an Berechnungen für den Grafikprozessor ein Kinderspiel.

Anders sieht es bei dreidimensionalen und animierten Darstellungen aus: Im 3D-Bereich ist die Leistungsfähigkeit eines Grafikprozessors gefordert. Die Berechnung räumlicher Darstellungen mit Konturen, Flächen, Texturen, Licht und Schatten ist sehr rechenaufwändig. Um einen flüssigen Bewegungsablauf zu ermöglichen, müssen in Echtzeit mindestens 15 bis 20 Bilder pro Sekunde berechnet werden – ein immenser Rechenaufwand.

1.8.2 Grafikspeicher

Die durch den Grafikprozessor berechneten Bilder werden im Grafikspeicher für den Monitor bereitgestellt. Es handelt sich dabei um GDDR-Speicher (Graphics Double Data Rate), also um einen für Grafik optimierten DDR-Speicher. Für ein Einzelbild der Auflösung $1.920 \cdot 1.200$ Pixel werden bei einer Farbtiefe von 3 Byte pro Pixel $1.920 \cdot 1.200 \cdot 3$ Byte = 6,6 MB benötigt. Um nicht bloß *ein* Bild, sondern *viele* Bilder bereithalten zu können, besitzen

Computerspiele
sind heute dreidimensional und fotorealistisch. Die Berechnung der Grafik ist ungeheuer aufwändig.
Zu Zeiten, in denen Pac Mac über den Bildschirm gesteuert wurde, war dies noch anders.

Grafikkarten deutlich größere Speicher von mehreren Gigabyte (GB). Hinzu kommt, dass an eine GPU häufig nicht nur ein, sondern zwei oder noch mehr Monitore angeschlossen werden können, so dass sich hierdurch die Datenmenge vervielfacht.

1.8.3 DirectX und OpenGL

Für den direkten Zugriff von Programmen (z. B. von Computerspielen) auf den Grafikprozessor sorgen standardisierte Programmierschnittstellen, die als API (Application Programming Interface) bezeichnet werden. Hierdurch wird es möglich, Programme zu entwickeln, ohne eine genaue Hardwarekenntnis zu besitzen.

DirectX
Die unter Windows verwendete Programmierschnittstelle heißt DirectX von Microsoft, wobei das „X" nicht wie bei Mac OS X die Versionsnummer bezeichnet. Die derzeit aktuelle Version ist DirectX 12 und kommt u. a. bei Windows 10 zum Einsatz.

OpenGL
macOS setzt auf eine Technologie namens OpenGL (Open Graphics Library), eine plattformunabhängige API (Application Programming Interface), die auch für andere Betriebssysteme zur Verfügung steht. Die aktuelle Version ist 4.6 (Stand: 2018).

1.8.4 Schnittstellen

VGA (D-Sub) A
VGA (Video Graphic Array) ist ein mittlerweile veralteter analoger Anschluss, der sich aber noch an vielen Rechnern und Beamern befindet.

DVI-D B
Der digitale Nachfolger von VGA heißt DVI (Digital Visual Interface). Das zweite „D" steht für digital, es gibt den Anschluss auch in einer Variante, die zusätzlich das analoge Signal überträgt (DVI-I).

DisplayPort C
Der digitale DisplayPort dient zur Übertragung von Bild- und Tondaten. Bei (älteren) Apple-Geräten kommt eine zweite Steckervariante (Mini Display-Port) zum Einsatz.

HDMI D
Auch HDMI (High Definition Multimedia Interface) ist eine digitale Schnittstelle für Bild- und Tonsignale und kommt deshalb vorwiegend im Bereich der Unterhaltungselektronik zum Einsatz.

Thunderbolt E
Bei Thunderbolt (dt.: Donnerschlag) handelt es sich um eine Schnittstelle, die von Intel und Apple entwickelt wurde. Sie wartet mit sehr hohen Datenraten auf (siehe Seite 8). Neben Monitoren können z. B. auch externe Datenträger angesteuert werden.

Schnittstellen

Für den Anschluss des Monitors gibt es mehrere Schnittstellen.

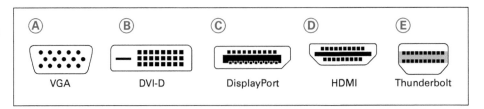

1.9 Monitore und Displays

Die Qualität von Monitoren und Displays hat sich in den letzten Jahren massiv verbessert. Die immer noch weit verbreitete Annahme, dass Monitore eine Auflösung von 72 oder 96 ppi (Pixel pro Inch) haben, ist Geschichte. Die Pixeldichte mancher mobiler Endgeräte erreicht heute mit 400 ppi oder höher bereits Druckqualität. Für Webdesigner hat dies massive Konsequenzen, da sie heute z. B. ganz andere Schriften verwenden können, als dies bei den 72- bzw. 96-ppi-Monitoren möglich war.

Bevor wir auf die wichtigen Kennwerte von Monitoren und Displays eingehen, möchten wir Ihnen kurz die Displaytechnologien vorstellen.

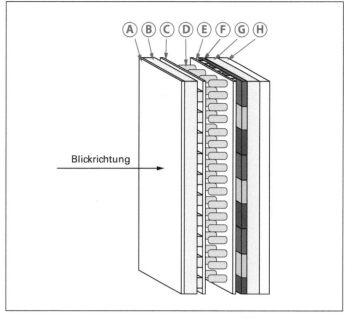

Blickrichtung

TFT-Display

A Polarisationsfilter
B Glasplatte
C Transparente Elektroden
D Flüssigkristallschicht
E Transparente Elektroden
F Farbfilter (R, G, B)
G Glasplatte
H Leuchtschicht

1.9.1 Technologien

TFT-Displays

Bei der großen Mehrheit der Monitore oder Displays handelt es sich (noch) um TFT-Displays (Thin Film Transistor), oft auch als *LCD (Liquid Crystal Display)* bezeichnet.

Ihr Funktionsprinzip besteht darin, dass es organische Materialien (Flüssigkristalle) gibt, die durch Anlegen eines elektrischen Feldes ihre Lage verändern und dabei lichtdurchlässig werden. Das elektrische Feld ist durch winzige elektronische Schalter (Transistoren) ein- oder ausschaltbar. Da sich Farben additiv aus den drei Grundfarben Rot, Grün und Blau zusammensetzen, werden für jeden Bildpunkt drei Transistoren benötigt. Die Farben werden mit Hilfe von Farbfiltern aus weißem Licht gewonnen.

Für ein Display mit beispielsweise 1.920 · 1.080 Bildpunkten ergibt sich damit ein Bedarf von 1.920 · 1.080 · 3 = 6,2 Mio. Transistoren, wobei alle funktionieren müssen, damit es nicht zum Pixelfehler kommt. Dies erklärt den hohen Preis für hochauflösende Displays. Die wesentlichen Vorteile von TFT-Displays sind:

- Geringer Energiebedarf
- Geringe Wärmeentwicklung
- Flimmerfreies Bild
- Hoher Kontrast
- Große Bildschärfe
- (Weitgehende) Unabhängigkeit vom Betrachtungswinkel
- Kalibrierbar

OLED-Displays

Eine Alternative, die zur Ablösung von TFT führen könnte, stellen OLED-Displays dar. Die Abkürzung LED (Light Emitting Diode) ist Ihnen vermutlich bereits bekannt, weil diese leuchtfähigen Halbleiterbauelemente zunehmend die alten Glüh- und Halogenlampen ersetzen, z. B. im Haushalt oder im Auto. Der Buchstabe „O" weist darauf hin, dass es sich um organische Materialien handelt, deren Vorteil darin besteht, dass

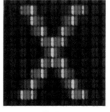

Additive Farbmischung

Die Farbe des Pixels ergibt sich durch additive Überlagerung der drei Grundfarben Rot, Grün und Blau.

OLED-Display

Die Technologie er-
möglicht die Herstel-
lung gebogener und
flexibler Displays. Dies
könnte beispielsweise
zur Integration von
Displays in Kleidung
genutzt werden.

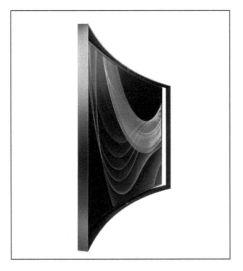

sie sich sehr dünn fertigen lassen. Die
Vorteile organischer Leuchtdioden im
Vergleich zu TFT sind:

- Sehr dünn herstellbar
- Sehr geringer Energiebedarf
- Sehr hoher Kontrast
- Flexible, biegsame Displays sind
  möglich
- Sehr gute Farbdarstellung
- Keine Hintergrundbeleuchtung erfor-
  derlich, dadurch „echtes" Schwarz

OLED-Display kommen derzeit vor
allem in Smartphones und bei Fern-
sehern zum Einsatz. Ihr wesentlicher
Nachteil im Vergleich zu TFT ist, dass
ihre Lebensdauer (noch) geringer ist,
sie also schneller altern und an Qualität
einbüßen.

1.9.2 Kennwerte

Der Monitor bzw. das Display ist das
wichtigste Ausgabegerät des Computers bzw. mobilen Endgeräts. Zur Auswahl eines für Ihre Zwecke geeigneten
Modells ist es erforderlich, dass Sie mit
den wichtigsten Kennwerten vertraut
sind.

Größe

Die Größe eines Monitors oder Displays
wird mit seiner Bilddiagonale angegeben. Dies erfolgt üblicherweise nicht in
Zentimetern (cm), sondern in Inch (dt.:
Zoll, Abkürzung: " oder in), wobei ein
Inch 2,54 cm entspricht. Ein 27"-Display
hat damit eine Diagonale von knapp
69 cm (27 in · ,54 cm/in).

Seitenverhältnis (Aspect Ratio)

Das Seitenverhältnis definiert, wie sich
die Bildbreite zur Bildhöhe verhält. Ein
Quadrat besitzt beispielsweise ein Seitenverhältnis von 1:1.

Während ältere Monitore ein Verhältnis von 4:3 besaßen, findet man dieses
Verhältnis heute nur noch bei Tablets
vor. Die Displays der anderen Geräte
besitzen überwiegend ein Seitenverhältnis von 16:9, selten auch 16:10.

Als Beispiel berechnen wir das Seitenverhältnis eines Monitors mit 5.120
· 2.880 Pixel. Der größte gemeinsame
Teiler (ggT) dieser Werte ist 320[1].

```
5.120 : 320  =  16
2.880 : 320  =   9
            → 16:9
```

Das Seitenverhältnis ist v. a. beim Web-
design wichtig, weil es einen maßgeb-
lichen Einfluss auf das Layout hat.

Auflösung

Die Anzahl an Pixel in der Bildbreite
und Bildhöhe wird als Auflösung des
Monitors oder Displays bezeichnet. Wie
bei Digitalkameras gilt auch hier, dass
ein Bild umso detailreicher und schärfer
wird, je höher die Anzahl an Pixeln ist.
Hierbei hat Apple mit den sogenannten
Retina-Displays Maßstäbe gesetzt.

---

1 Auf die Berechnung des ggTs durch Primfak-
torzerlegung gehen wir hier nicht ein.

Die Angabe der Displayauflösung in der obigen Form ist nicht sonderlich aussagekräftig, da sie die Abmessungen des Displays nicht berücksichtigt: Bei identischer Auflösung ist die Bilddarstellung auf einem kleinen Display besser als auf einem großen, weil die Pixel beim kleinen Display kleiner sind und damit zwangsläufig näher beieinander liegen.

Aus diesem Grund wird die Auflösung bei Displays oft auf das Längenmaß Inch bezogen und in der Einheit ppi (Pixel pro Inch) angegeben. Auch hierzu ein Rechenbeispiel: Wir berechnen die Auflösung eines 27"-Monitors mit 5.120 · 2.880 Pixeln. Mit Hilfe des Satzes des Pythagoras ermitteln wir zunächst die Anzahl an Pixeln in der Bilddiagonale:

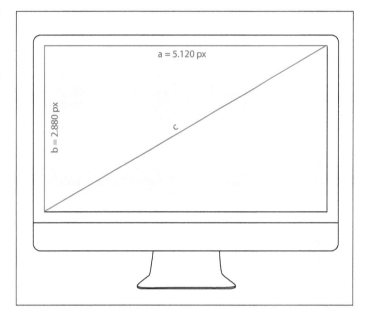

$$
\begin{aligned}
c^2 &= a^2 + b^2 \\
c^2 &= 5.120^2 + 2.880^2 \\
c^2 &= 34.508.800\,\text{px} \ |\sqrt{} \\
c &= 5874\,\text{px} \\
A &= 5.874\,\text{px} / 27\,\text{in} \\
&= 217\,\text{ppi} \cdot
\end{aligned}
$$

Die Rechnung beweist, dass die langjährige Aussage, dass Monitore eine Auflösung von 72 bzw. 96 ppi haben, mittlerweile nicht mehr stimmt. Es gibt bereits Smartphones mit einer Auflösung über 500 ppi.

Vielleicht fragen Sie sich, was es mit den „krummen" Werten wie 5.120 · 2.880 Pixel auf sich hat. Es handelt sich dabei um standardisierte Werte, an die sich die Hersteller von Grafikkarten und Monitoren halten – vergleichbar mit der DIN-A-Reihe bei Papierformaten. Die obigen Werte bezeichnen einen 5K-Monitor.

In der Tabelle finden Sie die momentan wichtigsten Standards zusammengefasst.

Grafikstandards			
Name	Auflösung	Aspect Ratio	Anwendung (Beispiele)
XGA (Extended Graphics Array)	1.024 · 768	4:3	Tablets
HD (High Definition)	1.280 · 720	16:9	Smartphones
Wide XGA	1.280 · 800	16:10	Tablets
Wide SXGA	1.600 · 900	16:9	Notebooks
1K (Full HD)	1.920 · 1.080	16:9	Notebooks, Monitore, Smartphones
Wide UXGA	2.048 · 1.536	4:3	Tablets, z.B. iPad
Wide QHD	2.560 · 1.440	16:9	Monitore, Smartphones
4K (Ultra HD)	3.840 · 2.160	16:9	Monitore
5K	5.120 · 2.880	16:9	Monitore
8K	7.680 · 4.320	16:9	Monitore

Kontrast

Als Kontrast, genauer als Kontrastverhältnis, bezeichnet man den maximalen Helligkeitsunterschied zwischen Weiß und Schwarz. Ist ein weißes Pixel beispielsweise 1000-mal heller als das schwarze, beträgt der Kontrast 1.000:1. Je größer das Verhältnis ist, umso besser ist es. Ein Kontrastverhältnis von 1.000:1 ist ein typischer Wert für TFT-Displays, OLED-Displays erreichen wesentlich bessere Werte von beispielsweise 4.000:1. Der Grund hierfür ist, dass sie keine Hintergrundbeleuchtung benötigen und somit „echtes" Schwarz möglich ist.

Helligkeit

Bei Tageslicht muss die Helligkeit eines Displays möglichst hoch sein. Als Kennwert dient die sogenannte *Leuchtdichte*, deren Einheit $[cd/m^2]$ ist, wobei cd (Candela) die Einheit der Lichtstärke ist. Die Leuchtdichte gibt also die Lichtstärke auf einer Fläche von einem Quadratmeter an. Für Monitore ist $300\,cd/m^2$ ein guter Wert, für Smartphone-Displays sollte die Helligkeit deutlich höher sein und z. B. $500\,cd/m^2$ betragen.

Leistung bzw. Akkukapazität

Die elektrische Leistung eines Monitors wird in Watt [W] angegeben. Je höher der Wert ist, umso höher sind der Stromverbrauch und damit auch die Kosten. Bei einem 27"-Monitor sollte die Leistung unter 30 Watt liegen.

Bei mobilen Geräten interessiert weniger die Leistung des Displays, sondern die Kapazität des Akkus in Milliamperestunden [mAh], seine Energie in Wattstunden [Wh] oder die Akkulaufzeit in Stunden [h]. Je höher diese Werte sind, umso besser ist es.

Blickwinkel

Ein guter Monitor zeichnet sich dadurch aus, dass das Bild immer gleich dargestellt wird, auch wenn der Betrachter seitlich oder von oben oder unten auf den Monitor schaut. Man gibt hierzu den horizontalen und vertikalen Winkel in Grad [°] an, in dem der Kontrast noch nicht auf einen Wert unter 10:1 gesunken ist. Je näher diese Winkel am Maximalwert 180° liegen, umso geringer ist die Blickwinkelabhängigkeit.

Schnittstellen

Die Schnittstellen von Monitoren finden Sie auf Seite 28.

Zusammenfassung

In der Tabelle sind die Leistungsdaten von Monitoren und Displays vergleichend gegenübergestellt. Beachten Sie, dass es sich hierbei um beispielhafte Werte handelt (Stand: 2018).

Leistungsdaten Monitore/Displays				
Kennwert	Einheit	Smartphones	Tablets	Monitore
Größe	Inch (in oder ")	5"	8" – 12"	24" – 34"
Seitenverhältnis	B:H	16:9	16:10, 4:3	16:9
Auflösung	ppi	300 – 700 ppi	200 – 350 ppi	100 – 250 ppi
Kontrast	Weiß:Schwarz		1000:1 – 2000:1	1000:1 – 1200:1 (TFT)
Helligkeit	cd/m^2	400 – 700 cd/m^2	400 – 500 cd/m^2	300 – 400 cd/m^2
Leistung	W	–	–	20 – 50 W
Akkukapazität	mAh oder Wh	2000 – 4000 mAh	20 – 40 Wh	–
Akkulaufzeit	h	8 – 12 h	5 – 8 h	–

1.10 Drucker

Auch E-Mail, Facebook und WhatsApp haben das „papierlose Büro" nicht ermöglicht, im Gegenteil, gedruckt wird mehr denn je. Die Industrie stellt uns ein großes Modellangebot an Druckern zur Verfügung, so dass wir wieder einmal die Qual der Wahl haben.

Um Ihnen die Entscheidung zu erleichtern, stellen wir Ihnen in diesem Kapitel zunächst die Druckertypen vor, um dann im Anschluss auf die wichtigsten Kennwerte einzugehen.

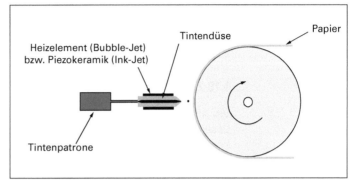

Druckprinzip eines Tintenstrahldruckers

1.10.1 Tintenstrahldrucker

Für einfache Farbausdrucke bis zu farbverbindlichen Vordrucken – sogenannte *Proofs* – sind Tintenstrahldrucker die richtige Wahl. Sie werden in allen Preisklassen und für Formate von A4 bis B0+ angeboten. Viele Tintenstrahldrucker werden als Multifunktionsgeräte angeboten, mit denen Sie auch kopieren, scannen oder faxen können – dies spart Geld und schafft Platz im Büro!

Wie der Name sagt, arbeitet ein Tintenstrahldrucker mit flüssiger Tinte, die nach den Gesetzmäßigkeiten der Farbmischung in den drei subtraktiven Primärfarben Cyan, Magenta und Gelb (Yellow) vorhanden sein muss. Zur Kontrastverbesserung und für Schwarzweißausdrucke wird Schwarz ergänzt. Hochwertige Drucker verwenden zur Verbesserung der schwierigen Wiedergabe z. B. von Hauttönen zusätzliche Farben, zum Beispiel Hellmagenta und Hellcyan.

Im Gegensatz zum Drucker selbst sind die Nachfüllpackungen für die Tinte oft sehr teuer, was für so manchen Druckerbesitzer zum Ärgernis wird. Wichtig ist hierbei, dass die Farben einzeln ausgetauscht werden können und nicht gemeinsam gewechselt werden müssen.

Bei den Tintenstrahldruckern wird zwischen dem sogenannten *Bubble-Jet-* und dem *Piezo-Verfahren* unterschieden. Im ersten Fall wird die Tinte tröpfchenförmig aus einer erhitzten Düse geschleudert, weil sich in dieser durch die Erwärmung eine Gasblase bildet. Das Bubble-Jet-Verfahren ist weit verbreitet und wird u. a. in Druckern von HP, Lexmark und Canon eingesetzt.

Das Piezo-Verfahren kommt bei Epson-Druckern zum Einsatz: Hierbei wird die Tintendüse durch eine Piezokeramik zusammengepresst. Dieses Material besitzt die Eigenschaft, dass es sich durch Anlegen einer elektrischen

Tintenstrahldrucker
Pro
▪ Sehr gute Farbwiedergabe, auch für Farbproofs (farbverbindliche Prüfdrucke) verwendbar ▪ Geringe Anschaffungskosten ▪ Keine Emissionen (Ozon, Hitze, Toner) ▪ Als Multifunktionsgeräte mit Scanner, Kopierer und Fax erhältlich
Contra
▪ Evtl. hohe Druckkosten/Seite (Tinte) ▪ Relativ geringe Geschwindigkeit ▪ Evtl. Spezialpapier erforderlich ▪ Gefahr des Austrocknens bei längerer Nichtbenutzung ▪ Nicht dokumentenecht (fehlende Lichtbeständigkeit), falls keine lichtechte Tinte verwendet wird

Spannung zusammenzieht und dadurch einen hohen Druck auf die Düse erzeugt. Durch diesen Druck wird die Tinte aus der Düse geschleudert.

1.10.2 Laserdrucker

Vor allem beim Schwarzweißdruck sind Laserdrucker hinsichtlich Geschwindigkeit und Kosten pro Seite unerreicht und sparen vielen Firmen die zusätzliche Anschaffung eines Fotokopierers.

Wie Sie in der Grafik erkennen, entlädt bei dieser Drucktechnologie ein elektronisch gesteuerter Laserstrahl oder eine Reihe von Leuchtdioden (LED-Drucker) die lichtempfindliche Schicht einer durch den Hauptlader negativ aufgeladenen Trommel, so dass an diesen Stellen das ebenfalls negativ geladene Tonermaterial haften bleibt. Der sich auf der Trommel befindende Toner wird auf das Papier übertragen, da dieses durch den Übertragungslader positiv aufgeladen wird. Abschließend wird durch Druck und Hitze der Toner auf dem Papier fixiert. Bei Farblasern muss dieser Vorgang für jede Farbe wiederholt werden, so dass ein Ausdruck deutlich länger dauert.

Laserdrucker sind empfehlenswert, wenn eine große Anzahl an Schwarzweißdrucken zu erwarten ist. Die vergleichsweise geringen Kosten pro Seite machen die höheren Anschaffungskosten im Vergleich zum Tintenstrahldrucker schnell wett.

Bei Farbausdrucken sind die Kosten im Vergleich zu Tintenstrahldruckern höher und die Farbqualität reicht nicht an die hochauflösenden Tintenstrahldrucker heran. Wenn Sie also möglichst farbverbindliche Ausdrucke in hoher Qualität benötigen, ist der Laserdrucker nicht geeignet.

Laserdrucker
Pro
<ul><li>Hohe Geschwindigkeit</li><li>Geringe Anschaffungskosten v. a. bei Schwarzweißdruckern</li><li>Geringe Verbrauchskosten pro Seite bei Schwarzweißdrucken</li><li>Kein Spezialpapier erforderlich</li></ul>
Contra
<ul><li>Größerer Platzbedarf</li><li>Hohe Kosten für Farbtoner</li><li>Fehlende Farbverbindlichkeit</li><li>Unangenehmer Geruch und evtl. Beeinträchtigung durch Emissionen (Ozon)</li></ul>

1.10.3 Thermodrucker

Bei den Thermodruckern werden drei Untergruppen unterschieden:

- *Thermodirektdrucker* bedrucken Spezialpapier, indem dieses an der zu bedruckenden Stelle erhitzt wird. Sie finden dieses Verfahren bei Kassenbons, Etiketten, Aufklebern usw.
- Beim *Thermotransferdruck* wird durch punktuelle Erhitzung einer wachsähnlichen Farbfolie der Farbstoff auf den Bedruckstoff übertragen und dort eingeschmolzen. Thermotransferdrucker werden beispielswei-

Druckprinzip eines Laserdruckers

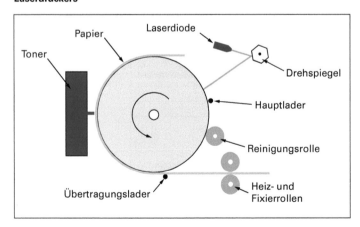

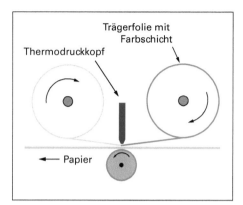

Druckprinzip eines Thermodruckers

se in Faxgeräten oder zur Beschriftung von Schildern genutzt.

- Auch ein *Thermosublimationsdrucker* arbeitet mit Farbfolie und punktueller Erhitzung, allerdings mit höherer Temperatur. Dies hat zur Folge, dass der Farbstoff gasförmig (sublimiert) in das Papier eindringt. Hierdurch wird das Drucken echter Halbtöne möglich, weshalb diese Drucker als Fotodrucker zum Einsatz kommen.

Thermodrucker
Pro
• Spezialdrucke wie Kassenbons, Eintrittskarten, Fahrkarten, Barcode • Echte Halbtöne möglich (Fotodruck) • Hohe Zuverlässigkeit • Hohe Lebensdauer
Contra
• Hohe Verbrauchskosten • Langsamer Druck • Evtl. Spezialpapier erforderlich • Teilweise licht- und temperaturempfindlich

1.10.4 Nadeldrucker

Nadeldrucker waren die ersten Drucker – und es gibt sie immer noch. Im Druckkopf eines Nadeldruckers befinden sich

9 oder 24 feine Nadeln, die durch kleine Elektromagnete einzeln bewegbar sind. Um Buchstaben zu drucken, muss die Druckersteuerung die entsprechenden Nadeln in Richtung Farbband und Papier bewegen, so dass hierdurch die Farbe des Farbbandes auf das Papier übertragen wird.

Nachteil dieser Technologie ist, dass sie relativ laut und langsam ist und deshalb aus den Büros weitgehend verschwunden ist. Die Vorteile eines Nadeldruckers liegen in seinen geringen laufenden Kosten und in seiner Robustheit. Wesentlich ist jedoch, dass nur diese Drucktechnologie in der Lage ist, Formulare mit mehreren Originaldurchschlägen zu erstellen.

Nadeldrucker
Pro
• Bedrucken von Endloslisten, Formularen • Durchschläge möglich • Sehr robust • Hohe Zuverlässigkeit
Contra
• Sehr laut • Geringe Geschwindigkeit • Geringe Druckqualität • Hohe Anschaffungskosten

Druckprinzip eines Nadeldruckers

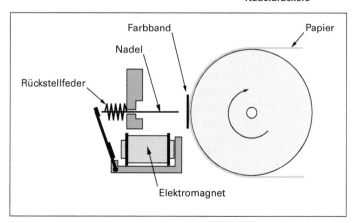

3D-Druck
Mit heutigen 3D-Druckern lassen sich nahezu beliebige Formen und Farben drucken.
Quelle: Stratasys

1.10.5 3D-Drucker

Seit einigen Jahren hat die Bedeutung von 3D-Druckern stark zugenommen. 3D-Drucker sind in allen Preisklassen erhältlich und Einstiegsmodelle unter 1000 Euro machen sie mittlerweile auch für Privatanwender erschwinglich.

3D-Drucker sind jedoch insbesondere für den industriellen Einsatz von Interesse und ersetzen dort zunehmend herkömmliche Fertigungsverfahren. Wichtige Einsatzgebiete für 3D-Drucker sind:

Produktdesign

- Im Produktdesign wird die Erstellung von 3D-Modellen oder -Prototypen mit Hilfe von 3D-Druckern als *Rapid Prototyping* bezeichnet und ersetzt zunehmend den konventionellen Modellbau. Mehr zu diesem Thema finden Sie im Band *Produktdesign* in dieser Buchreihe.
- Mit Hilfe von 3D-Druckern lassen sich Einzelteile oder Kleinserien schnell und kostengünstig fertigen *(Rapid Manufacturing)*. Die aufwändige und teure Lagerung von Ersatzteilen wird somit überflüssig.
- Ein wichtiges Einsatzgebiet ist die *Medizintechnik*. Mit Hilfe eines 3D-Modells lassen sich passgenaue Zahnimplantate oder Prothesen fertigen. In der Zukunft sollen sogar Haut oder ganze Organe gedruckt werden können.
- Selbst *Lebensmittel* lassen sich mit Hilfe von 3D-Druckern herstellen. Hierdurch ließe sich beispielsweise die Lebensmittelversorgung bei langen Reisen, z. B. zum Mars, sicherstellen.

Das Grundprinzip ist bei allen 3D-Druckverfahren gleich: Ausgangspunkt ist immer ein mit Hilfe einer CAD-Software erstelltes 3D-Modell des zu fertigenden Objekts. Dieses wird in vertikaler Richtung in Schichten (Layer) zerlegt und Schicht für Schicht „gedruckt". Man spricht hierbei von *additiver oder generativer Fertigung*, bei der unterschiedliche Verfahren zum Einsatz kommen:

Stereolithografie (SLA)

Die Stereolithografie ist das älteste 3D-Druckverfahren. Das 3D-Objekt entsteht hierbei in einem flüssigen Bad eines lichtempfindlichen Kunststoffs (Photopolymer). Der Kunststoff wird Schicht für Schicht mit Hilfe eines Lasers an den gewünschten Stellen ausgehärtet. Das Verfahren zeichnet sich durch hohe Detailgenauigkeit aus.

Selektives Lasersintern/Laserschmelzen (SLS/SLM)

Bei diesem Verfahren wird zunächst eine dünne Pulverschicht aus Kunststoff (SLS) oder Metall (SLM) aufgebracht. Mittels Laserstrahl wird das Pulver an den Stellen verschmolzen, an denen sich im 3D-Modell Material befindet. Danach wird die Trägerplatte etwas nach unten bewegt, die nächste Pulverschicht aufgebracht und an den gewünschten Stellen verschmolzen. Dieser Vorgang wiederholt sich Schicht für Schicht. Am

Schluss muss lediglich das restliche Kunststoff- bzw. Metallpulver vom fertigen Bauteil entfernt werden.

3D-Printing (3DP)

3DP ähnelt dem oben beschriebenen Lasersintern, nur dass hier ein gipsartiges Pulver zum Einsatz kommt, das durch den Druckkopf an den gewünschten Stellen mit Hilfe eines flüssigen Bindemittels verklebt wird. Das Verfahren dient zur schnellen und kostengünstigen Fertigung von Architektur- oder anderen Präsentationsmodellen und ersetzt damit den Modellbau.

Schmelzschichtung (FDM)

Bei der Schmelzschichtung (Fused Desposition Modeling) wird ein auf eine Rolle aufgewickelter Kunststoffdraht geschmolzen und durch die Düse des Druckkopfes gepresst. Das 3D-Objekt entsteht auch hier Schicht für Schicht in senkrechter Richtung. Um auch Hohlräume erzeugen zu können, kommt eine zweite Düse mit Stützmaterial zum Einsatz, das am Ende wieder entfernt wird (siehe Grafik). FDM-Drucker kommen wegen ihrer vergleichsweise geringen Kosten vor allem auch im Hobbybereich zum Einsatz.

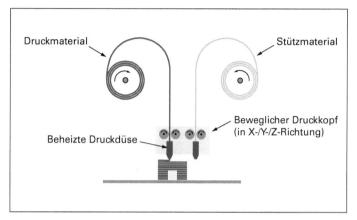

Druckprinzip eines FDM-Druckers

Multi Jet Modeling (MJM)

Dieses Verfahren kombiniert die Vorteile der Stereolithografie mit denen der Schmelzschichtung. Das lichtempfindliche Photopolymer wird hier mittels Druckdüse schichtweise aufgetragen und anschließend mit UV-Licht ausgehärtet. Auf diese Weise lassen sich auch sehr filigrane Bauteile erstellen.

In der Tabelle sind einige Vor- und Nachteile der oben beschriebenen Druckverfahren zusammengestellt. Bitte beachten Sie dabei, dass sich die Technologien ständig weiterentwickeln und sich die Angaben deshalb nur auf den aktuellen Stand (2018) beziehen.

Vor- und Nachteile der wichtigsten 3D-Druckverfahren

3D-Druckverfahren im Vergleich					
	SLA	SLS/SLM	3DP	FDM	MJM
Pro	• Sehr hohe Genauigkeit • Sehr glatte Oberfläche • Geringe Herstellungskosten	• Hohe Genauigkeit • Auch metallische Objekte (bei SLM) • Sehr temperaturbeständig • Sehr robust	• Mehrfarbige Objekte • Geringe Herstellungskosten	• Hohe Verbreitung • Einfache Handhabung • Einsatz auch im Hobbybereich, da günstige Modelle	• Hohe Genauigkeit • Glatte Oberfläche
Contra	• Wenig temperaturbeständig • Wenig robust	• Hohe Herstellungskosten • Relativ raue Oberfläche	• Wenig temperaturbeständig • Raue Oberfläche • Wenig robust	• Geringe Genauigkeit • Raue Oberfläche • Wenig temperaturbeständig	• Wenig temperaturbeständig • Wenig robust

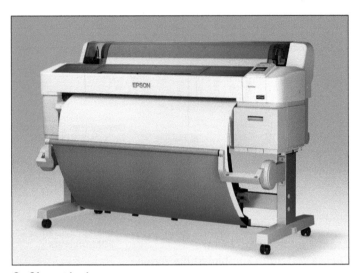

Großformatdrucker
Modell: Epson Sure-
color SC-T7000

1.10.6 Kennwerte

Die in diesem Abschnitt beschriebenen Kennwerte beziehen sich auf die in den Abschnitten 1.10.1 bis 1.10.4 beschriebenen Drucker und nicht auf 3D-Drucker.

Format
Bei den Druckformaten halten sich die Hersteller an die Papiernormung der DIN-A-Reihe. Bei Bürodruckern handelt es sich meistens um DIN-A4- oder DIN-A3-Geräte, es gibt aber auch Großformatdrucker, die auf Rolle drucken.

Bei vielen Druckern wird mit der Option „randloser Druck" geworben. Gemeint ist, dass das gewählte Papierformat dann bis zum Seitenrand bedruckt werden kann. Dies führt jedoch oft zu einer Verschlechterung der Druckqualität. Um ein Format randabfallend zu bedrucken, sollten Sie deshalb besser auf einen Drucker mit Überformat (z. B. DIN A4+, DIN A3+) zurückgreifen, und das Papier nach dem Ausdruck auf das gewünschte Endformat zuschneiden.

Auflösung
Die Auflösung eines Druckers beschreibt die Anzahl an Druckpunkten (dots), die der Drucker auf einer Strecke von einem Inch (= 2,54 cm) ausdrucken kann. Die Einheit der Auflösung wird in *dpi (dots per inch)* angegeben.

Die Druckauflösung ist in den letzten Jahren ständig angestiegen, heutige Geräte erreichen bis zu 9.600 dpi und damit locker die Auflösung des Offsetdrucks. Viele Druckermodelle verwenden eine unterschiedliche Auflösung in horizontaler und vertikaler Richtung. Dieser Unterschied wird durch die Angabe zweier Auflösungen (z. B. 4.800 · 2.400 dpi) zum Ausdruck gebracht – im wahrsten Sinne des Wortes!

Druckgeschwindigkeit
Die Druckgeschwindigkeit wird durch Angabe der druckbaren Seiten pro Minute angegeben, manchmal auch mit ppm (pages per minute) abgekürzt. Hierbei zeigen sich Unterschiede zwischen den einzelnen Druckertypen: Während Tintenstrahldrucker mit 20 Farbseiten/Minute schnell sind, schaffen Laserdrucker bis zu 40 Seiten/Minute. Damit unterscheiden sie sich kaum mehr von Fotokopierern.

Schnittstellen
Heutige Drucker sind standardmäßig mit einer USB-Schnittstelle ausgerüstet. Für die Einbindung ins Netz wird eine RJ45-Schnittstelle benötigt. Viele Geräte sind darüber hinaus WLAN-fähig, so dass eine drahtlose Einbindung ins Netzwerk möglich ist.

Speicher (nur Laserdrucker)
Während Tintenstrahldrucker zeilenweise drucken, belichtet ein Laserdrucker eine ganze Seite in einem Vorgang.

Leistungsdaten Drucker					
Kennwert	Einheit	Tintenstrahldrucker	Laserdrucker	Thermodrucker	Nadeldrucker
Auflösung	dpi	4.800 · 1.200 dpi	1.200 · 600 dpi	300 · 300 dpi	sehr gering
Format(e)	–	A4, A3, bis A0 oder Rolle bei Großformatdruckern	A4, A3	A6 Rolle	A4 Endlospapier (mit Perforation am Rand)
Druckgeschwindigkeit	Seiten/min (ppm) Zeichen/s (cps)	10 – 20 ppm	20 – 40 ppm	gering, z. B. 30 s/Foto	200 – 500 cps
Bedruckstoffe	–	Inkjetpapier Fotopapier Folien	Kopierpapier Folien	Spezialpapier Etiketten Kassenbons Fotopapier	Endlospapier Durchschläge
Druckkosten	ct/Seite	1 – 5 ct/Seite (sw) 5 – 10 ct/Seite (Farbe)	2 – 4 ct/Seite (sw) 10 – 20 ct/Seite (Farbe)	hoch	sehr gering

Hierzu benötigt er einen möglichst großen eigenen Arbeitsspeicher.

Schwarzweiß-Laserdrucker sind typischerweise mit bis zu 128 MB ausgestattet, Farblaserdrucker benötigen einen größeren Speicher von 1 GB oder mehr.

Bedruckstoffe
Bei der Entscheidung für einen Drucker sollte von vornherein auch auf die zulässigen Bedruckstoffe geachtet werden. Hierbei kommen neben Papier und Karton eventuell auch Etiketten, Folien und CD/DVD-Rohlinge in Frage.

Laserdrucker sind hinsichtlich der Kosten für Bedruckstoffe die beste Alternative, da sie auf kostengünstiges Kopierpapier drucken können. Bei Folien muss darauf geachtet werden, dass diese hitzebeständig sind.

Für Tintenstrahldrucker steht eine große Auswahl an Papieren zur Verfügung. Für qualitativ hochwertige Ausdrucke muss teures Spezialpapier verwendet werden (Inkjet-Papier, Fotopapier), da bei normalem Kopierpapier die Farben verlaufen. Beachten Sie auch, dass für Tintenstrahldrucker nur spezielle Inkjet-Folien einsetzbar sind.

Druckkosten
Während die Preise für die Drucker trotz gestiegener Qualität massiv gesunken sind, kommt das böse Erwachen dann oft, wenn zum ersten Mal Tinte bzw. Toner nachbestellt werden muss.

Es lohnt sich also, sich bei der Entscheidung für ein Gerät auch die Kosten pro gedruckte Seite anzusehen. Laserdrucke schlagen hier mit 10 bis 20 Cent pro Farbseite zu Buche, Tintenstrahldrucke kosten mit zurzeit durchschnittlich 5 bis 10 Cent/Farbseite halb so viel.

Manche Hersteller geben statt der Druckkosten pro Seite die Gesamtzahl an Ausdrucken an. Die Druckkosten pro Seite errechnen Sie dann durch Division der Kosten durch diese Gesamtzahl.

Duplex
Ein weiteres Merkmal eines Druckers ist, ob er das Papier einseitig oder zweiseitig bedrucken kann. Im zweiten Fall benötigt der Drucker eine sogenannte Duplexeinheit. Diese ist in der Lage, das Papier zu wenden, nachdem die erste Seite bedruckt wurde. Bei Tintenstrahldruckern erfolgt das Wenden nach einer kurzen Trocknungspause für die Tinte.

1.11 Scanner

Auch in unserer zunehmend digitalisierten Welt gibt es analoge Vorlagen, z. B. handschriftliche Texte, Bücher, Skizzen, Zeichnungen, Papierfotos oder alte Dias. Um diese mit Hilfe des Computers verarbeiten zu können, müssen sie zunächst eingescannt werden. Ausführliche Informationen zum Thema Scannen finden Sie im Band *Digitale Fotografie* in dieser Buchreihe.

Scannertypen
Es gibt unterschiedliche Scannertypen, die auf die Besonderheiten der oben genannten Vorlagen spezialisiert sind:
- *Flachbettscanner* sind Universalgeräte für alle zweidimensionalen Vorlagen. Tintenstrahldrucker werden oft als Multifunktionsgeräte mit integriertem Flachbettscanner angeboten.
- *Dokumentenscanner* dienen zur digitalen Archivierung analoger Dokumente. Ihr Merkmal ist, dass Sie mehrere Vorlagen einlegen können, die nacheinander eingezogen und eingescannt werden. Bessere Geräte können auch beidseitig bedruckte Dokumente scannen (Duplex).
- *Buchscanner* sind in der Lage, Buchseiten umzublättern, so dass Sie auf diese Weise komplette Bücher einscannen können.

- *3D-Scanner* können dreidimensionale Objekte scannen, die sich dann beispielsweise per 3D-Drucker reproduzieren lassen.
- *Durchlichtscanner* eignen sich für alle transparenten Vorlagen wie Filmnegative, Dias oder auch Röntgenbilder.

Funktionsprinzip
Die Vorlage befindet sich auf einer Glasplatte, unter der sich eine Lichtzeile aus Leuchtdioden bewegt. Das von der Vorlage reflektierte Licht trifft auf ein sogenanntes CCD-Element, das in der Lage ist, Licht in elektrische Spannung umzuwandeln. Durch Farbfilter erfolgt eine Aufsplittung des Lichts in seinen Rot-, Grün- und Blauanteil. Im letzten Schritt erfolgt die Umwandlung in binäre Signale mit Hilfe eines Analog-Digital-Wandlers und das pixelweise Speichern der Bildinformation.

Scanauflösung
Die (maximale) Auflösung des Scanners ist sein wichtigster Kennwert. Sie bezeichnet die Anzahl an Bildpunkte, die pro Längeneinheit abgetastet werden können. Die Auflösung besitzt die Einheit dpi (dots per inch).

Während einfache Dokumentenscanner eine Auflösung von 600 dpi haben, kommen bei hochwertigen Flachbettscannern 4.800 dpi oder mehr zum Einsatz. Hohe Auflösungen sind erforderlich, wenn die Vorlage detailreich ist oder stark vergrößert werden soll.

Funktionsprinzip eines Flachscanners

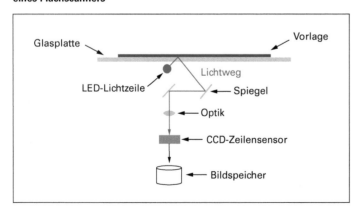

Leistungsdaten Scanner		
Kennwert	Einheit	Typische Werte
Auflösung	dpi	600 – 9.600 dpi
Format	–	DIN A4
Geschwindigkeit	s (pro Seite)	5 – 20 s
Schnittstelle	–	USB

1.12 Maus

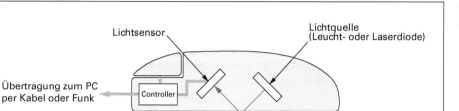

Lichtsensor

Lichtquelle
(Leucht- oder Laserdiode)

Übertragung zum PC
per Kabel oder Funk

Controller

Die mechanische Maus (mit Kugel) ist mittlerweile ausgestorben – heute kommen nur noch optische Mäuse zum Einsatz. Dabei wird entweder mit einer Leucht- oder mit einer Laserdiode ein Lichtstrahl in Richtung Unterlage abgestrahlt. Mit Hilfe von Sensoren misst die Maus die reflektierten Lichtstrahlen. Ein Controller berechnet daraus die Bewegungsrichtung und -geschwindigkeit.

Während die ersten optischen Mäuse stark von der verwendeten Unterlage abhängig waren, lassen sich moderne Mäuse auch ohne Mousepad benutzen.

Mit Hilfe von Software lassen sich Mäuse in der gewünschten Form konfigurieren, um beispielsweise die Tastenbelegung zu ändern.

Optische Mäuse stehen wahlweise kabelgebunden oder kabellos zur Verfügung. Letztere senden die Informationen über eine Infrarot-Schnittstelle oder per Funk (Bluetooth) zum Computer und besitzen den Vorteil, dass sie ohne Kabel frei bewegt werden können. Nachteilig ist, dass sie eine Batterie benötigen, die natürlich immer im ungünstigsten Moment leer ist. Mittlerweile gibt es allerdings auch Modelle mit Akku, der sich über den USB-Anschluss aufladen lässt.

Wie sieht die Maus der Zukunft aus? Vielleicht folgen die anderen Hersteller einmal mehr der Firma Apple, die mit der „Magic Mouse" eine Neuheit auf den Markt gebracht hat: eine Maus ohne Tasten und Scrollrad, oder anders gesagt: Die gesamte Oberfläche ist Taste oder Scrollrad. Die Steuerung der Maus erfolgt durch Bewegung der Finger wie auf einem Touchpad. Mausklicks können an jeder beliebigen Stelle erfolgen, die Maus kann als Ein- oder Zwei-Tasten-Maus konfiguriert werden.

Vielleicht wird die Maus aber auch in den nächsten Jahren verschwinden, wenn sich Sprachsteuerung und Touchscreens durchsetzen.

Magic Mouse
Die Steuerung erfolgt durch Bewegung der Finger auf der Oberfläche.

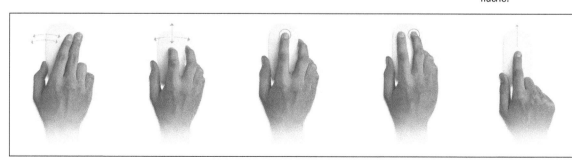

1.13 Tastatur

Immer mehr mobile Endgeräte wie Tablets oder Smartphones verzichten auf eine Tastatur und werden ausschließlich mit dem Finger bedient. Für ein professionelles und zügiges Arbeiten ist das Vorhandensein einer Tastatur jedoch alternativlos.

Wie Sie in der Grafik sehen, sind viele Tasten doppelt, einige sogar dreifach belegt. Darüber hinaus gibt es Tastenkombinationen, die eine Computersteuerung ohne Maus ermöglichen sollen. (Vor allem Programmierer lehnen eine Maus schon aus Prinzip ab!) Wenn Sie sich die Mühe machen und die wichtigsten Kürzel erlernen, werden Sie über kurz oder lang schneller sein als mit der Maus.

Unterschiede macOS – Windows
Wer beruflich oder privat gezwungen ist, parallel an Apple- und Windows-Computer zu arbeiten, kennt das Problem, dass sich die zugehörigen Tastaturen in den Sondertasten unterscheiden. Die Grafik zeigt beide Tasta-

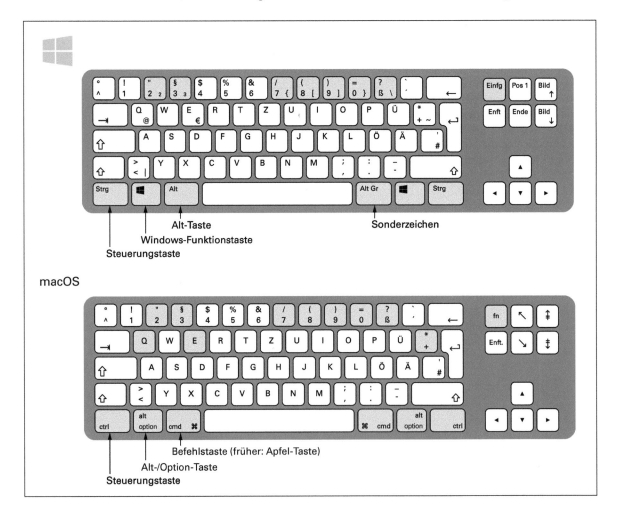

Alt-Taste

Windows-Funktionstaste

Steuerungstaste

Sonderzeichen

macOS

Befehlstaste (früher: Apfel-Taste)

Alt-/Option-Taste

Steuerungstaste

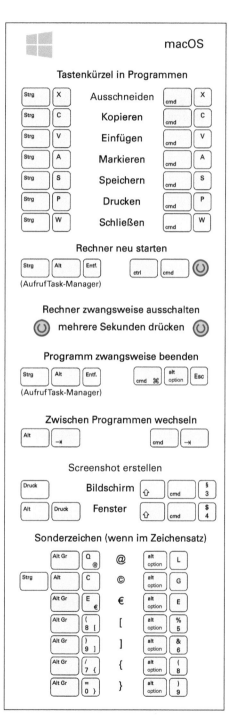

turen im Vergleich. Unterschiedliche Tasten sind hellrot eingefärbt.

Trotz der Unterschiede gibt es Tasten, die sich in ihrer Funktion weitgehend entsprechen: Der wichtigen Steuerungstaste *(Strg)* am Windows-PC entspricht bei Apple leider *nicht* die Steuerungstaste *(ctrl)*, sondern die Befehlstaste *(cmd)*. Die unter Windows für Sonderzeichen verwendete *AltGr*-Taste entspricht bei Apple der *Alt*-Taste.

Die Windows-Funktionstaste (mit Windows-Logo) ist auf der Apple-Tastatur logischerweise nicht vorhanden. In Kombination mit einer weitere Taste lassen sich hiermit Steuerbefehle des Betriebssystems aufrufen, z.B. können Sie durch die Kombination von Windows + L (für Lock) den Computer sperren.

Um den Wechsel von Windows zu macOS zu erleichtern, haben wir einige wichtige Tastenkürzel in der Übersicht rechts für Sie zusammengestellt. In der Grafik finden Sie links die Tastenkürzel für Windows, rechts für macOS.

Numerischer Tastenblock
Desktop-Tastaturen besitzen zusätzlich einen numerischen Tastenblock. Er dient zur schnelleren Eingabe von Ziffern und stellt auch mathematische Grundoperationen sowie eine separate Enter-Taste zur Verfügung.

Funktionstasten
Weiterhin besitzt jede Windows-Tastatur zwölf Funktionstasten F1 bis F12, bei Apple sind es sogar sechzehn Tasten von F1 bis F16. Ihre Belegung ist nicht fest definiert und kann sich von Programm zu Programm unterscheiden. Bei Windows wird die F1-Taste in der Regel für den Aufruf der Hilfe verwendet.

1.14 Aufgaben

1 Mit Datenmengen rechnen

MP3-Songs besitzen eine durchschnittliche Datenmenge von 5 MB.
Berechnen Sie die Anzahl an MP3s, die auf ein Smartphone mit 2,5 GB freiem Speicherplatz passen.

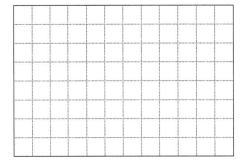

2 Übertragungszeit berechnen

Die Internetverbindung eines Smartphones beträgt durchschnittlich 250 kBit/s.
Berechnen Sie, wie lange der Download einer 2,5-MB-Datei dauert.

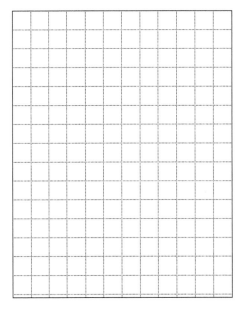

3 Hardwarekomponenten zuordnen

Ordnen Sie die Komponenten zu:
Tastatur – Festplatte – Mikroprozessor – RAM – Drucker – DVD – USB – Digitalkamera – Blu-ray-Disc – PCIe – Cache – Scanner
a. Ein-/Ausgabegerät:

b. Komponente des Mikrocomputers:

c. Externer Speicher:

4 Funktion des Mikroprozessors erklären

Notieren Sie die Funktion folgender Bauelemente eines Mikroprozessors:
a. Cache

b. Bus

c. Core

44

....

....

2.

....

3.

---

5 Speicherhierarchie verstehen

Ordnen Sie die gegebenen Speicher
nach den unten genannten Kriterien.
A RAM
B Festplatte
C Register
D Cache
E SSD
F Blu-ray-Disc
a. Geschwindigkeit des Datenzugriffs
von langsam nach schnell

....

b. Kosten pro MB von niedrig bis hoch

....

c. Speicher, die keine Spannungsver-
sorgung benötigen

....

d. (Elektronische) Halbleiterspeicher

....

**6 Komponenten des Mainboards
kennen**

Zählen Sie vier Komponenten eines
Mainboards auf und nennen Sie deren
Funktion.

1.

....

4.

....

**7 Leistungsdaten eines Mikroprozes-
sors benennen**

Nennen Sie drei Kennwerte eines Mikroprozessors sowie deren Einheiten.

1.

2.

3.

---

8 Grafik-Schnittstellen kennen

Notieren Sie die Bezeichnung der in der
Grafik unten dargestellten Schnittstellen.

A:

B:

C:

D:

E:

9 Speicherverfahren unterscheiden

Bei Speichern werden drei Verfahren unterschieden:
- Magnetische Speicher
- Optische Speicher
- Elektronische Speicher

a. Nennen Sie je zwei Vorteile.

Magn. Speicher:

Opt. Speicher:

Elektr. Speicher:

b. Erklären Sie, weshalb die Verbreitung elektronischer Speicher stark zugenommen hat.

10 DVD-Video und BD vergleichen

Videos sind wahlweise auf DVD und auf BD erhältlich. Nennen Sie zwei Gemeinsamkeiten und zwei Unterschiede der Datenträger.

Gemeinsamkeiten:

Unterschiede:

11 Funktionsprinzip von Flachbildschirmen beschreiben

Beschreiben Sie das Funktionsprinzip eines TFT-Bildschirms.

12 Monitorgröße berechnen

Ein Hersteller gibt die Größe eines Präsentationsmonitors mit 65" (Zoll) an. Berechnen Sie die Bildschirmdiagonale in cm.

13 Kennwerte eines Monitors aufzählen

Zählen Sie fünf Kennwerte eines Monitors auf.

1.

2.

3.

4.

5.

14 RAID-System zur Datensicherung kennen

Erklären Sie die Arbeitsweise eines RAID-Systems.
a. RAID Level 0:

b. RAID Level 1:

c. RAID Level 5:

15 Funktion des Grafikprozessors kennen

a. Erklären Sie die Aufgabe des Grafikprozessors (GPU)?

b. Erklären Sie den Vorteil der Integration von Grafik- und Mikroprozessor in ein gemeinsames Bauelement.

16 Druckertypen unterscheiden

Ein Freund sucht einen kostengünstigen Drucker für gelegentliche Farbausdrucke. Welchen Drucker empfehlen Sie ihm und warum?

17 Tastenkombinationen kennen

Notieren Sie die Tastenkombination (macOS oder Windows) für folgende Funktionen:

Markieren/auswählen:

Ausschneiden:

Kopieren:

Einfügen:

Speichern:

Drucken:

47

2.1 Einführung

Hard- und Software
Bei Software wird zwischen System- und Anwendersoftware unterschieden.
  Die Systemsoftware, v. a. das Betriebssystem, stellt die Verbindung zwischen Hardware und den Anwenderprogrammen her.

Anwendersoftware
(z.B. zur Bildbearbeitung, Textverarbeitung, Videoproduktion)

Systemsoftware
(z.B. Betriebssystem, Firmware, Dienstprogramme)

Hardware
(z.B. Mikroprozessor, Arbeitsspeicher, Festplatte, Grafik)

2.1.1 Hardware – Software

Im letzten Kapitel haben Sie die Hardware eines Computers kennengelernt. Wörtlich übersetzt bezeichnet der Begriff *hard ware* (dt.: harte Ware) alles, was fest ist und damit in die Hand genommen werden kann.

Bei Software passt die wörtliche Übersetzung von *soft ware* (dt.: weiche Ware) nicht, weil Software weder hart noch weich ist. Software ist immateriell und damit nicht greifbar. Nach ISO/IEC-Norm 24765 verstehen wir darunter *Programme und Daten*, die dazu dienen, einen Computer zu betreiben. Dabei werden zwei große Gruppen unterschieden: Systemsoftware und Anwendersoftware.

2.1.2 Anwendersoftware

Wie der Name sagt, steht diese Software uns Anwendern zur Verfügung, z. B. zur Bildbearbeitung, Textverarbeitung oder für die Videoproduktion. Statt von Anwendersoftware wird im Deutschen oft auch von (Computer-)*Programmen* gesprochen.

Im englischen Sprachraum steht nicht der *user* (dt.: Anwender), sondern die *application* (dt.: Anwendung) im Vordergrund. Die Abkürzung dieses Begriffs, *app*, wurde zunächst nur für Programme auf mobilen Geräten verwendet. Mittlerweile setzt er sich auch bei Desktop-Geräten durch und löst den alten Begriff Programm ab.

Informationen zu Progammen bzw. Apps für Medienschaffende finden Sie im nächsten Kapitel.

2.1.3 Systemsoftware

Systemsoftware hat die Aufgabe, die einzelnen Komponenten eines Computer(system)s miteinander zu verbinden, den Zugriff darauf zu ermöglichen und den Datenverkehr zu steuern. Hierzu gehört beispielsweise die Ansteuerung des Displays, die Dateneingabe per Tastatur oder der Zugriff auf eine Festplatte. Erst durch Systemsoftware wird ein Computer für uns Anwender überhaupt nutzbar.

Zur Systemsoftware gehört vor allem auch das *Betriebssystem* (engl.: operating system) des Computers, also z. B. Windows 10, macOS, iOS oder Android. Auf die zahlreichen Aufgaben von Betriebssystemen gehen wir ab Seite 51 näher ein.

© Springer-Verlag GmbH Deutschland 2018
P. Bühler, P. Schlaich, D. Sinner, *Informationstechnik*, Bibliothek der Mediengestaltung,
https://doi.org/10.1007/978-3-662-54732-8_2

2.2 Software zur Mediengestaltung

Wer sich mit der Medienkonzeption, -gestaltung und -produktion beschäftigt, kommt an einer Firma (fast) nicht vorbei: *Adobe Systems*. Durch eine seit Jahrzehnten geschickte Produktpolitik ist es Adobe gelungen, in vielen Bereichen quasi zum Monopolisten zu werden. Konkurrenten haben es schwer oder sind nicht mehr am Markt.

Mit der *Creative Cloud* (kurz: CC) bietet Adobe ein Lizenzmodell an, bei dem die Kunden gegen eine monatliche Nutzungsgebühr Zugriff auf die Adobe-Programme erhalten. Schüler, Studenten sowie Lehrer zahlen derzeit knapp 20 Euro pro Monat (Stand: 2018).

Wer sich dies nicht leisten kann oder will, findet trotz der Vormacht von Adobe auch andere Software, z. B. aus dem Open-Source-Bereich:
- Mit *Scribus* steht beispielsweise ein kostenfreies Layoutprogramm zur Verfügung,
- *GIMP* eignet sich sehr gut zur Bildbearbeitung und mit
- *Inkspace* lassen sich professionelle Vektorgrafiken erstellen.

2.2.1 Medienworkflow

In einer immer stärker vernetzten und digitalisierten Arbeitswelt werden Menschen immer wichtiger, die über Systemkenntnisse verfügen. Einfache Tätigkeiten werden zunehmend von Automaten oder von Software übernommen. Dies gilt insbesondere auch für die Arbeitsabläufe (engl.: Workflows) der Medienproduktion, da sich diese bereits weitgehend automatisieren und digitalisieren lassen.

Egal, ob Sie ein Printmedium oder ein digitales Medium erstellen: Sie werden bei keinem Medienworkflow mit einer einzigen Software auskommen. Für jede Medienproduktion sind eine

ganze Reihe von Programmen erforderlich. Für Sie bedeutet dies, dass Sie zum einen die einzelnen Programme und zum anderen die Schnittstellen zwischen den Programmen kennen müssen. Hierzu gehört zum Beispiel die Frage, wie Daten aus einem Programm exportiert werden müssen, damit sie ins nächste Programm des Workflows importiert werden können. Kenntnisse über Dateiformate, Schriftverwaltung und Farbeinstellungen sind hierbei zwingend erforderlich.

Da die Thematik anspruchsvoll und für Anfänger schlecht vorstellbar ist, stellen wir Ihnen einen Medienworkflow an einem konkreten Beispiel vor.

2.2.2 Anwendungsbeispiel

Ein Freund weiß, dass Sie sich mit der Mediengestaltung auskennen, und bittet Sie, eine Einladung für seinen bevorstehenden runden Geburtstag zu gestalten. Den Text für die Einladung stellt er Ihnen bereit, ebenso eine Liste mit den Namen der Adressaten. Fotos liegen noch nicht vor. Da die geplante Location schwer zu finden ist, soll eine Anfahrtsskizze auf die Einladung. Die Einladungen sollen personalisiert werden, also die korrekte Anrede und den Vornamen enthalten („Lieber Thomas, zu meinem Geburtstag lade ich dich sehr herzlich ein.").

Nach diesem sogenannten *Briefing*, also der Auftragserteilung durch einen Kunden, in diesem Fall durch Ihren Freund, kann es losgehen. Zur Planung erstellen Sie eine Liste mit den erforderlichen Tätigkeiten und der zugehörigen *Software*:
- Damit die Farbeinstellungen in allen Adobe-Progammen einheitlich sind, platzieren Sie eine Farbeinstellungsdatei in *Adobe Bridge*.

Open-Source-Software
Auch mit kostenfreien Programmen wie Scribus, GIMP und Inkscape (von oben nach unten) lassen sich professionelle Ergebnisse erzielen.

Als Mediengestalter/in müssen Sie sich nicht nur mit den einzelnen Programmen auskennen, sondern auch die Schnittstellen von einem Programm ins nächste kennen.

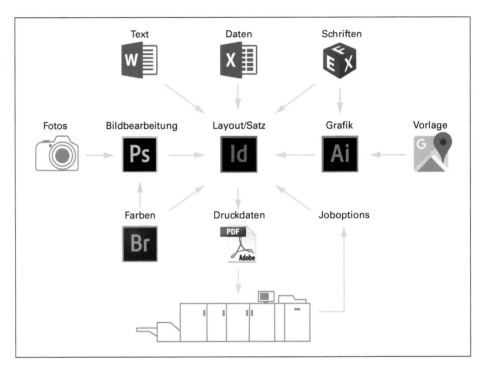

- Das Textmanuskript wird mit *Microsoft Word* erstellt.
- Das Layout der Einladung entwerfen Sie in *Adobe InDesign*.
- Den Text importieren Sie in Ihr Layout in *Adobe InDesign*.
- Die Anreden („Liebe" bzw. „Lieber") und die Namen geben Sie in strukturierter Form in *Microsoft Excel* ein.
- Die Fotos erstellen Sie mit Ihrer Spiegelreflexkamera im sogenannten RAW-Format. Dieses Format bietet optimale Möglichkeit zur Nachbearbeitung mit *Adobe Photoshop*. Danach werden die Fotos im TIF-Format gespeichert.
- Die gewünschten Schriften stellen Sie in der Schriftverwaltungssoftware *Fontexplorer X Pro* zusammen.
- Die Grafik für die Anfahrtsskizze erstellen Sie mit *Adobe Illustrator*.
- Die bearbeiteten Fotos und die Grafik platzieren Sie an der vorgesehenen Stelle in *InDesign*.
- Für die variablen Texte (Anrede, Namen) definieren Sie in *InDesign* Platzhalter und verknüpfen diese mit der *Excel*-Datei. Nun können die personifizierten Einladungskarten generiert werden.
- Für die Druckausgabe „verpacken" Sie die Daten: Layoutdatei, Bilder und Schriften werden durch *InDesign* in einen Ordner kopiert.
- Die Vorgaben für den Druck (Joboptions) erhalten Sie von der Druckerei. Sie erstellen nun das druckfähige PDF.
- In der Druckerei werden die Karten schließlich gedruckt, gefalzt und auf das Endformat zugeschnitten.

Das Beispiel zeigt, dass im professionellen Bereich auch ein simples Produkt wie eine Einladung jede Menge produktionstechnisches Know-how erfordert.

2.3.1 Einführung

Ob Desktop-PC, Laptop, Tablet oder Smartphone – jeder Computer benötigt ein Betriebssystem. Wie Sie in der Grafik auf Seite 48 sehen, stellt das Betriebssystem die Verbindung zwischen Hardware und (Anwender-)Software her. Es sorgt dafür, dass wir Anwender auf die zur Verfügung stehende Hardware, also Mikroprozessor, Arbeitsspeicher, Festplatte, USB-Geräte usw., und auf die Software ohne Programmierkenntnisse zugreifen können.

Dies war nicht immer so: Die ersten Betriebssysteme hatten noch keine grafische Benutzeroberfläche und mussten von der sogenannten *Konsole* oder auch *Kommandozeile* aus durch Eingabe von Befehlen gesteuert werden. Unsere aktuellen Betriebssysteme besitzen nach wie vor eine Konsole, die aber meistens nur noch von Administratoren zur Verwaltung des Computers genutzt wird.

Der Screenshot rechts oben zeigt die als Eingabeaufforderung bezeichnete Konsole von Windows 10. Mit dem Befehl `dir` (Abkürzung für directory, dt.: Verzeichnis) kann beispielsweise die Verzeichnisstruktur der Festplatte `C:\` aufgerufen werden, mit `cd Users` (Abkürzung für change directory) können Sie in den Unterordner `Users` wechseln, mit `cd..` kommen Sie wieder zurück.

Dass die Steuerung des Computers über die Konsole mühsam ist, wurde bereits in den 80er Jahren von einer kleinen Firma namens Apple erkannt. Sie kamen auf die geniale Idee, eine grafische Oberfläche zur Bedienung des Computers zu entwickeln. *Apple Lisa* kam 1983 auf den Markt und war erstmalig mit Hilfe einer Maus zu bedienen. Im Screenshot erkennen Sie, dass viele

der heute verwendeten Komponenten damals schon erfunden waren:
- Schreibtischmetapher[1] mit Ordnern und Papierkorb
- Bedienung mit der Maus: Drag & Drop, Doppelklick
- Horizontale Pull-down-Menüstruktur

„Lisa" war teuer und wurde ein Flop. Glücklicherweise ließ sich der visionäre Apple-Chef Steve Jobs nicht entmutigen und brachte ein Jahr später den ersten „Mac" auf den Markt. Damit nahm die Apple-Erfolgsstory ihren Lauf…

Heute arbeiten sämtliche Betriebssysteme mit grafischer Oberfläche. Durch die zunehmende Verbreitung der Touchscreens scheint die Maus so langsam in Rente gehen zu dürfen.

Konsole

Jedes Betriebssystem kann mittels Tastatur auch ohne grafische Oberfläche bedient werden.

Schreibtischmetapher

Unter einer Metapher versteht man die Übertragung der Bedeutung eines Begriffs in einen anderen Zusammenhang.

Grafische Benutzeroberfläche

Apple „Lisa" war einer der ersten Computer mit grafischer Benutzeroberfläche.

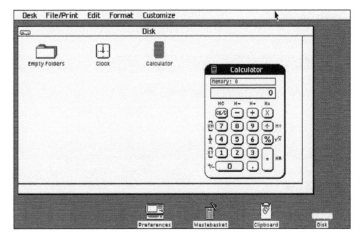

| Anwendersoftware |
| (z.B. Photoshop, InDesign, Illustrator, Excel) |

Grafische Benutzeroberfläche

Ⓐ Prozess-verwaltung | **Ⓑ** Speicher-verwaltung | **Ⓒ** Datei-verwaltung | **Ⓓ** Benutzer-verwaltung

Ⓔ Ein- und Ausgabesteuerung (Gerätetreiber)

Hardware
(z.B. Mikroprozessor, Arbeitsspeicher, Festplatte, Grafik)

Betriebssystem

Ein Betriebssystem verbindet Hardware und Anwendersoft-ware. Die Grafik stellt, stark vereinfacht, seine zentralen Aufgaben dar.

Task-Manager

Der Task-Manager zeigt die sich aktuell in Bearbeitung befind-lichen Prozesse. Hat sich ein Prozess auf-gehängt, kann er hier beendet werden.

2.3.2 Aufgaben eines Betriebssystems

Die zentrale Funktion eines Betriebssys-tems besteht wie bereits erwähnt darin, Hard- und Software miteinander zu verbinden. Im Folgenden betrachten wir die einzelnen Aufgaben etwas detail-lierter. Diese sind:
- Prozessverwaltung A
- Speicherverwaltung B
- Dateiverwaltung C
- Benutzerverwaltung D
- Ein-/Ausgabesteuerung E

Prozessverwaltung
Die Aufgaben, die ein Computer zu erledigen hat, werden in Prozessen be-

schrieben. Unter Windows werden Pro-zesse deshalb als *Tasks* (dt.: Aufgaben, Auftrag) bezeichnet. Prozesse werden durch den Mikroprozessor abgearbeitet.

Auf Ihrem Computer können Sie mehrere Programme oder auf dem Smartphone mehrere Apps öffnen. Alle aktiven Tasks werden im Task-Manager dargestellt, den Sie unter Windows 10 mit der Tastenkombination strg + alt + entf und unter macOS mit cmd + alt + esc aufrufen können.

Der Screenshot unten zeigt, dass beim Schreiben dieser Zeilen die Programme InDesign und Photoshop (und der Task-Manager) geöffnet sind. Der Task-Manager zeigt Ihnen auch für jeden Prozess die prozentualen Anteile an Rechenleistung und Arbeitsspeicher. Wenn sich ein Prozess aufgehängt hat, können Sie ihn im Task-Manager nach Rechtsklick beenden.

Die Fähigkeit heutiger Mikropro-zessoren, mehrere Prozesse scheinbar gleichzeitig zu bearbeiten, heißt *Multi-tasking*. Tatsächlich laufen die Prozesse jedoch nicht gleichzeitig, sondern nach bestimmten Regeln nacheinander ab.

Die Prozessverwaltung ist eine der zentralen Aufgaben des Betriebssys-tems. Welcher Prozess wann und wie lange auf den Prozessor zugreifen darf, entscheidet der sogenannte Prozess-Scheduler (dt.: Zeit-/Terminplanung). Es gibt verschiedene Strategien, nach denen ein Prozess-Scheduler arbeitet.

First in – first out
Prozesse werden hier in der Reihen-folge ihres Eingangs bearbeitet: Läuft ein Prozess A ab, dann kommt Prozess B erst an die Reihe, wenn Prozess A wartet (z. B. auf Daten oder eine Be-nutzereingabe) oder beendet wird. Der Nachteil der Methode ist, dass es zu langen Wartezeiten kommen kann.

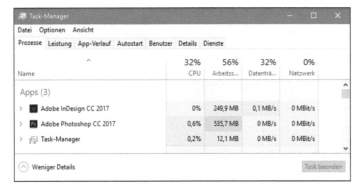

Shortest-Job-First
Wie der Name schon sagt, werden hier kurze Prozesse bevorzugt abgearbeitet. Der Nachteil hierbei ist, dass lange Prozesse benachteiligt werden.

Prioriätsscheduling
Diese Methode teilt jedem Prozess eine Priorität zu, auf diese Weise entsteht eine Rangfolge. Danach wird den Prozessen entsprechend ihrer Priorität Prozessorzeit zugeteilt. Wichtige Prozesse erhalten mehr Zeit, unwichtige weniger. Ist die zugeteilte Zeit abgelaufen, kommt der nächste Prozess an die Reihe. Nach dem letzten Prozess wiederholt sich der Vorgang. Das Beispiel zeigt drei Prozesse:

Prioritätsscheduling			
Prozess	Priorität	Anteile	Zeit
InDesign	1	50 %	6 ms
Photoshop	2	33,3 %	4 ms
Word	3	16,7 %	2 ms

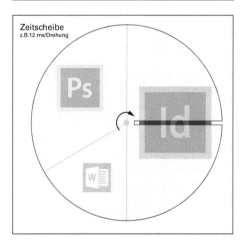

Zeitscheibe
z.B. 12 ms/Drehung

Die Zeitscheibe dreht sich und der Prozessor behandelt einen Prozess, solange sich der „Schlitz" über dem Prozess befindet. Danach kommt der nächste Prozess an die Reihe.

Die Methode ist sehr erfolgreich, setzt aber voraus, dass vorherbestimmt werden kann, welcher Prozess wichtig sein wird und welcher nicht. Man spricht deshalb von präemptivem (dt.: zuvorkommend) Multitasking.

Speicherverwaltung
Heutige Computer haben einen Arbeitsspeicher (RAM) von 4, 6, 8 oder mehr Gigabyte. Die Aufgabe des Betriebssystems ist die Verwaltung dieses riesigen Speichers. Wegen des Multitaskings ist dies keine leichte Aufgabe, denn wenn der Prozessor Zeit für einen Prozess hat, dann müssen ihm die benötigten Daten zur Verfügung stehen, ohne dass auf die viel langsamere Festplatte zugegriffen werden muss. Hardwareseitig steht dem Betriebssystem zur Speicherverwaltung eine MMU (Memory Management Unit) zur Verfügung.

Heutige Betriebssysteme verwenden zur Speicherverwaltung eine Technik, die als *Paging* bezeichnet wird. Dabei wird der gesamte Speicher in logische Einheiten (Pages) aufgeteilt **A** (nächste Seite). Wird nun ein Prozess (hier: Photoshop) gestartet, so erhält er die benötigte Anzahl an Pages. Die Speicherverwaltung ordnet jeder Page einen physikalischen Bereich im RAM zu. Die Grafik zeigt, dass diese nicht zusammenhängen müssen **B** (nächste Seite).

Solange noch Arbeitsspeicher vorhanden ist, können gleichzeitig weitere Prozesse (hier: Illustrator) gestartet werden. Dies ist bei der heutigen Größe der Arbeitsspeicher der Normalfall.

Wenn sehr viele Programme geöffnet oder große Datenmengen verarbeitet werden, dann ist irgendwann der Arbeitsspeicher fast voll. Wenn ein weiterer Prozess gestartet wird (hier: InDesign), der physikalische Speicher aber belegt ist, dann lagert die MMU

Scheduler
Die Grafik veranschaulicht die Funktion eines Schedulers: Dieser teilt den aktiven Prozessen nacheinander Rechenzeit zu. Wichtige Prozesse (hier: InDesign) erhalten mehr Zeit als unwichtige Prozesse (hier: Word).

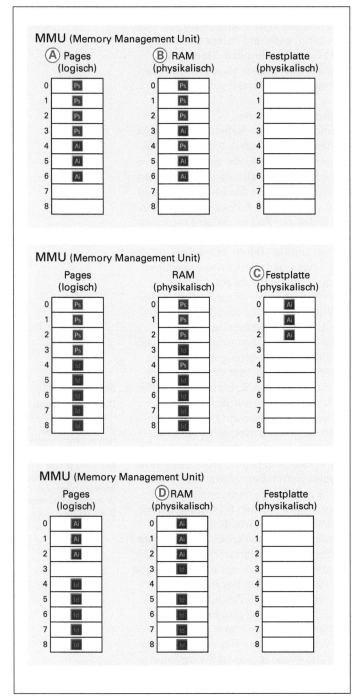

einen aktuell wartenden Prozess (hier: Illustrator) auf die (wesentlich langsamere) Festplatte aus C.

Wird der ausgelagerte Prozess benötigt, wird er in den Arbeitsspeicher zurückgeholt. Im Idealfall wurde einer der anderen Prozesse beendet (hier: Photoshop), so dass wieder Platz vorhanden ist D. Ist dies nicht der Fall, muss einer der anderen Prozesse auf die Festplatte ausgelagert werden.

Als Anwender bekommen Sie von der Speicherverwaltung nichts mit – sie funktioniert in der Regel sehr gut! In speicherintensiven Programmen wie Photoshop können Sie allerdings festlegen, wie viel Prozent des Arbeitsspeichers für das Programm reserviert werden soll: *Bearbeiten > Voreinstellungen > Leistung* E. Erhöhen Sie diesen Wert, wird Photoshop schneller, da weniger oft ausgelagert werden muss. Wenn Sie allerdings parallel mit anderen Programmen arbeiten wollen, wirkt sich eine zu starke Erhöhung für diese Programme negativ aus, da ihnen dann nicht mehr ausreichend Speicher zur Verfügung steht.

Dateiverwaltung

Ordnung oder Chaos? Heutige Computer besitzen Festplatten von ein, zwei oder mehr Terabyte. Ein Terabyte ist eine riesige Datenmenge! In der Tabelle finden Sie eine Beispielrechnung, wie viele Dateien auf einer 1-TB-Platte untergebracht werden könnten, wenn jeweils ein Viertel für Texte, Songs, Bilder und Videos genutzt würde:

Dateien auf einer Terabyte-Platte			
Anzahl	Dateiart	Daten[1]	Gesamt
67.108.864	Text (einseitig)	16 KB	0,25 TB
87.381	MP3 (3 min)	3 MB	0,25 TB
43.690	Bild (15 x 10 cm)	6 MB	0,25 TB
55	DVD-Video	4,6 GB	0,25 TB
1) Die Werte sind als Beispiele zu verstehen			= 1 TB

Struktur eines Dateisystems

Nach dieser Einführung verstehen Sie, dass ein System zur Ordnung der Dateien auf einem Massenspeicher unerlässlich ist. Dieses Dateisystem besitzt bei den meisten Betriebssystemen eine hierarchische Struktur, die auch als Baumstruktur bezeichnet wird. Die Bezeichnung kommt daher, dass die Ordnung der Dateien einem (umgedrehten) Baum ähnelt, der sich von der Wurzel zu den einzelnen Ästen immer weiter verzweigt.

Alle Dateien eines Computers werden in Verzeichnissen oder Ordnern gespeichert. Der zweite Begriff stammt daher, dass die grafische Oberfläche eines Computers mit einem Schreibtisch verglichen wird, auf dem die einzelnen Papiere (Dateien) in Ordnern gesammelt werden.

Bei Linux und macOS wird das oberste Element als Root (dt.: Wurzel) bezeichnet. Zur Angabe des Pfades zu einer Datei werden Schrägstriche / (engl.: *Slashes*) verwendet, z. B.
`/Benutzer/Lisa/Dokumente/Briefe/papa.txt`

Bei Windows werden als Root-Element das Laufwerk angegeben und zur Angabe von Dateipfaden sogenannte *Backslashes* \ verwendet, z. B.
`C:\Benutzer\Lisa\Dokumente\Briefe\papa.txt`

Sämtliche Dateien lassen sich folgenden drei Bereichen zuordnen:
- Betriebssystem (system)
- Programme (applications)
- Benutzer (users)

Die strikte Trennung dieser Bereiche ist sinnvoll, weil damit verhindert werden kann, dass ein Benutzer (oder eine Schadsoftware) Dateien des Betriebssystems verändert oder

Hierarchische Dateistruktur

Die Ordner und Dateien sind bei allen Betriebssystemen hierarchisch strukturiert. Die Struktur erinnert an einen umgedrehten Baum. Das oberste Element wird deshalb als Root (dt.: Wurzel) bezeichnet.

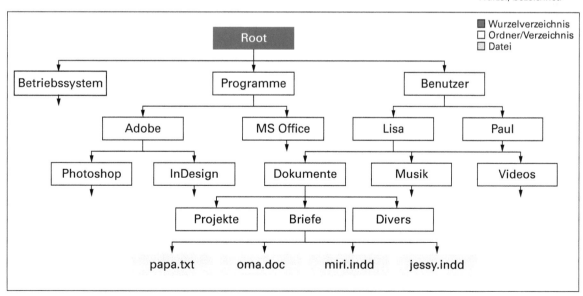

löscht. Der Zugriff auf Programme oder Dateien des Betriebssystems sollte nur Administratoren möglich sein.

Jeder User „sieht" nur seinen eigenen Verzeichnisbaum – der Zugriff auf die Dateien anderer User ist nicht möglich. Auf diese Weise kann ein Speicher von beliebig vielen Benutzern verwendet werden – man spricht von einem Mehrbenutzersystem (siehe Abschnitt Benutzerverwaltung).

Physikalisches Dateisystem
Neben der logischen Struktur einer Dateiverwaltung kümmert sich das Betriebssystem auch darum, wie die Daten physikalisch auf den Datenträgern gespeichert werden. Hierbei unterscheiden sich die Betriebssysteme:

- NTFS (New Technology File System) ist das aktuelle Dateisystem von Microsoft Windows.
- FAT (File Allocation Table) stammt ebenfalls von Microsoft und ist der Vorgänger von NTFS. Es ist immer noch von Bedeutung, weil FAT im Unterschied zu NTFS als Austauschformat z. B. zwischen Windows und macOS geeignet ist. USB-Sticks oder Speicherkarten werden deshalb sinnvollerweise mit FAT formatiert.
- HFS+ (Hierarchical File System) war das Betriebssystem von Mac OS X

und wurde 2016 durch APFS abgelöst.
- APFS (Apple File System) ist das aktuelle Dateisystem von Apple, das sowohl bei macOS als auch für das mobile Betriebssystem iOS zum Einsatz kommt.
- UDF (Universal Disc Format) ist das Dateisystem, das auf DVD-Videos und Blu-ray-Discs verwendet wird.

Benutzerverwaltung
Der Begriff PC, Personal Computer, legt nahe, dass dieser lediglich einer Person zur Verfügung steht. Erste PC-Betriebssysteme waren nicht als Mehrbenutzersystem (Multiuser) konzipiert.

Mit der starken Verbreitung der Computer entstand der Wunsch, dass ein Gerät durch mehrere Benutzer bedient werden kann. Diese sollen

- sich über Benutzername und Passwort am System anmelden können,
- die Ressourcen des Computers, z. B. Programme, Festplatte, Drucker, gemeinsam nutzen können,
- einen geschützten Bereich für die Verwaltung der eigenen Daten zur Verfügung haben,
- einen öffentlichen Bereich für den Austausch bzw. die gemeinsame Nutzung von Daten nutzen können,
- (mit Ausnahme der Administratoren) keinen Zugriff auf die für das System relevanten Daten haben.

Im Desktop-Bereich sind Multiuser-Betriebssysteme längst Standard. Das Konzept hat sich bewährt und wird deshalb auf mobile Betriebssysteme übertragen, so dass auch Tablets und Smartphones von mehreren Nutzern verwendet werden können.

Das Multiuser-Konzept bringt nicht nur im Hinblick auf eine flexible Nutzung eines Computers Vorteile, sondern auch in puncto Sicherheit: Durch die Vergabe von Zugriffsrechten kann

Benutzerverwaltung
Der Zugriff auf geschützte Bereiche ist nur Administratoren möglich. Auf diese Weise wird verhindert, dass Schadsoftware Änderungen am Computer vornehmen kann.

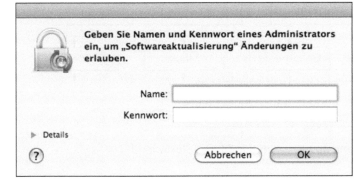

Geben Sie Namen und Kennwort eines Administrators ein, um „Softwareaktualisierung" Änderungen zu erlauben.

Name:

Kennwort:

▶ Details

(?)

(Abbrechen) (OK)

gesteuert werden, wer was am Computer machen darf. Dies ist v. a. durch die heute ständige Verbindung des Computers mit dem Internet sinnvoll. Denn wenn der User eingeschränkte Zugriffsrechte hat und sich eine Schadsoftware aus dem Internet „einfängt", dann hat diese Software ebenfalls nur eingeschränkte Zugriffsrechte. Aus diesem Grund sollten Sie nicht mit Administratorrechten ins Internet gehen!

Ein-/Ausgabesteuerung

Eine weitere Aufgabe des Betriebssystems ist die Verwaltung und Steuerung der angeschlossenen Hardware.

Wenn Sie in einer Anwendersoftware auf „Öffnen" oder „Speichern" klicken, dann greift die Software nicht direkt auf die Festplatte, sondern auf das Betriebssystem zu. Dieses ermöglicht den Zugriff auf Hardware mit Hilfe sogenannter Gerätetreiber und leitet die Daten an die Software weiter. Als Anwender merken wir nichts davon. Alle an einen Mikrocomputer angeschlossenen Geräte werden durch den Geräte-Manager verwaltet. Dies sind:

- Mikroprozessor, Arbeitsspeicher, Mainboard, Netzteil, Lüfter
- Eingabegeräte wie Tastatur, Maus, Touchscreen, Mikrofon, Kamera
- Ausgabegeräte wie Monitor, Touchscreen, Drucker, Lautsprecher
- Externe Speicher wie Festplatte, DVD, Blu-ray-Disc, USB-Stick
- Schnittstellen/Controller wie USB, FireWire, eSATA, Grafik, Netzwerk

Der Geräte-Manager erlaubt dem Administrator einen manuellen Eingriff, falls ein Gerät bzw. Gerätetreiber nicht richtig funktioniert.

Vor zwanzig Jahren war die Installation neuer Geräte oft eine mühsame Angelegenheit. Heute werden Geräte über standardisierte Schnittstellen

wie USB automatisch erkannt und die notwendigen Treiber automatisch installiert.

Bootvorgang

Booten (sprich: buten) hat nichts mit einem Schiff zu tun, der Begriff kommt von to boot (dt.: hochfahren) und meint den Startvorgang des Computers. Hierbei besteht folgendes Problem: Für den Zugriff auf die Festplatte benötigt der Computer das Betriebssystem. Dieses ist aber auf der Festplatte gespeichert. Was tun?

Für den Startvorgang eines Computers wird deshalb ein sogenannter *Bootloader* benötigt, der von einer separaten Hardware (Firmware) aus beim Einschalten gestartet wird und

Geräte-Manager

Der Geräte-Manager zeigt die mit dem Computer verbundene Hardware. Bei Fehlfunktionen ist hier ein Benutzereingriff möglich.

dessen Aufgabe es ist, die wichtigsten Komponenten des Betriebssystems von der Festplatte in den Arbeitsspeicher zu kopieren. Danach kann das Betriebssystem übernehmen. Alternativ ist es möglich, einen Bootmanager zu verwenden, der dem User die Auswahl des gewünschten Betriebssystems ermöglicht. Ein bekanntes Beispiel ist *Boot Camp* von Apple, mit dem Sie auf einem Mac auch Windows-Betriebssysteme installieren können.

Wenn ein Computer – aus welchen Gründen auch immer – nicht mehr bootet, dann können Sie ihn im sogenannten *abgesicherten Modus* starten. Hierbei werden, um den Computer überhaupt lauffähig zu machen, nur die absolut notwendigen Systemtreiber geladen. Wundern Sie sich also nicht, wenn die Bildschirmanzeige anders aussieht als gewohnt. Windows-Computer starten im abgesicherten Modus, wenn Sie nach dem Einschalten (am besten mehrfach) auf die Taste F8 drücken, am Mac halten Sie während des Startens die Shift-Taste gedrückt.

2.3.3 Marktübersicht

Desktop-Betriebssysteme
In der Medienbranche erfreuen sich Betriebssysteme von Apple traditionell großer Beliebtheit, in der Industrie wird überwiegend auf Windows gesetzt. Wer sich weder an Apple noch an Microsoft binden möchte, setzt auf Open-Source-Systeme wie Linux.

Microsoft
Im Bereich der Desktop-Betriebssysteme war und ist Windows Marktführer. Während die ersten grafischen Windows-Betriebssysteme wie Windows 3.1 oder Windows 95 noch von vielen belächelt wurden, brachte Microsoft im Jahr 2001 mit Windows XP ein stabiles System auf den Markt, das bis 2015 weiterentwickelt wurde.

Während der XP-Nachfolger Windows Vista ein Flop war, wurde Windows 7 zum nächsten großen Erfolg in der Microsoft-Historie. Die Grafik zeigt, dass der Marktanteil von Windows 7 aktuell (2018) noch immer hoch ist.

Nachfolger Windows 8 war – vergleichbar mit Windows Vista – wenig erfolgreich, während sich das aktuelle Betriebssystem Windows 10 am Markt behauptet. Laut Microsoft soll es zukünftig bei dieser Versionsnummer bleiben und Updates nur noch über Internet verfügbar sein.

Apple
Obwohl die Apple-Systeme in puncto Bedienung und Stabilität ausgezeichnet abschneiden, liegt ihr Anteil sowohl in Deutschland als auch weltweit nur bei etwa 8 %. Die Ursache dürfte im Wesentlichen an den relativ hohen Anschaffungskosten eines Mac Pro, iMacs oder Mac Books liegen. (Andererseits sind viele Nutzer bereit, die ebenfalls hohen Kosten für ein iPhone oder iPad aufzubringen ...)

Im Jahr 2000 bezeichnete Apple sein Betriebssystem als Mac OS X und stellte die Versionsnummer hintan. Zusätzlich vergab Apple jeder Version einen Tiernamen wie Panther, Tiger oder Lion. In den Jahren 2012 bis 2016 wurde auf den Zusatz „Mac" verzichtet und nur noch von OS X gesprochen und seit 2016 trägt das Betriebssystem die Bezeichnung macOS.

Linux
Das Betriebssystem mit dem Pinguin erfreut sich einer kleinen, aber treuen Fangemeinde, spielt aber im Vergleich zu Microsoft und Apple keine Rolle.

Mobile Betriebssysteme

Der Markt an mobilen Geräten mit Internetzugang entwickelte sich explosionsartig: Smartphones, Tablets, Netbooks, Ultrabooks sind klein, leicht und handlich und ersetzen in vielen Bereichen den klassischen PC.

Google

Bei Android handelt es sich um ein quelloffenes Betriebssystem, das von einem Firmenkonsortium unter Federführung von Google entwickelt wird. Die große Anzahl an verfügbaren Geräten, z. B. von HTC, LG, Samsung, Sharp, Sony Ericsson, ist der Grund dafür, dass sich Android rasend schnell verbreitet und Hauptkonkurrent Apple überholt hat.

Apple

Apples Betriebssystem für mobile Endgeräte heißt iOS (aktuell ist Version 11 auf dem Markt) und erfordert entsprechend ein iDevice, also iPhone oder iPad. Damit bleibt Apple bei seiner Produktpolitik und vertreibt Betriebssystem und Hardware im Paket. Diese Kombination bietet viele Vorteile, z. B. im Bereich der Computersicherheit, wird aber von vielen Nutzern auch abgelehnt, da sie sich nicht ausschließlich an eine Firma binden wollen.

Microsoft

Microsoft ist es bislang (noch?) nicht gelungen, einen nennenswerten Anteil am wichtigen Markt mobiler Betriebssysteme zu erlangen. Dies soll sich mit Windows 10 Mobile, einer abgespeckten Version von Windows 10 ändern. Die Grundidee ist einfach: Die User sollen auf sämtlicher Hardware mit derselben Windows-Oberfläche arbeiten können. Ob dies gelingen wird, ist derzeit nicht absehbar.

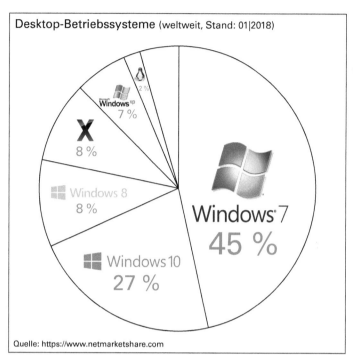

Desktop-Betriebssysteme (weltweit, Stand: 01|2018)

Windows XP 7 %

X 8 %

Windows 8 8 %

Windows 7 45 %

Windows 10 27 %

2 %

Quelle: https://www.netmarketshare.com

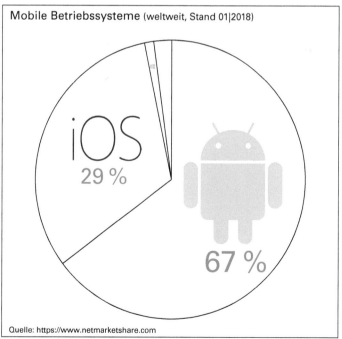

Mobile Betriebssysteme (weltweit, Stand 01|2018)

iOS 29 %

67 %

Quelle: https://www.netmarketshare.com

2.4 Aufgaben

1 Software im Medienworkflow kennen

Nennen Sie jeweils ein geeignetes Programm zur
a. Bildbearbeitung

b. Layouterstellung

c. Erstellung einer Grafik

d. Erstellung eines PDFs

2 Zweck eines Betriebssystems nennen

a. Erklären Sie, weshalb ein Computer ein Betriebssystem benötigt.

b. Nennen Sie das aktuelle Betriebssystem von

Microsoft:

Apple:

3 Aufgaben eines Betriebssystems nennen

a. Zählen Sie drei zentrale Aufgaben eines Betriebssystems auf.

1.

2.

3.

b. Erklären Sie die Funktion einer grafischen Benutzeroberfläche.

c. Nennen Sie drei Beispiele für die häufig verwendete Schreibtisch-metapher[1] bei grafischen Benutzer-oberflächen.

1.

2.

3.

4 Prinzip der Dateiverwaltung beschreiben

a. Erklären Sie, weshalb bei der Datei-verwaltung von einer hierarchischen oder Baumstruktur gesprochen wird.

---

1 Unter einer Metapher versteht man die Übertragung der Bedeutung eines Begriffs in einen anderen Zusammenhang, z. B. Wolken-kratzer für Hochhaus. In unserem Fall wird die Bedeutung des Begriffs Schreibtisch auf den Computer übertragen.

b. Erklären Sie in diesem Zusammenhang den Begriff „Root"?

c. Die Grafik rechts zeigt das Dateisystem eines Computers. Geben Sie den Dateipfad zur Datei *Nothing_Else_Matter.mp3* an.

Bei Windows:

Bei Apple:

Grafik zu Aufgabe 4

5 Zugriffsrechte kennen

a. Nennen Sie drei Beispiele für Zugriffsrechte, die im Betriebssystem nur der Administrator hat.

1.

2.

3.

b. Erklären Sie, weshalb normale Nutzer *kein* Administratorrecht haben sollten.

6 Prinzip der Prozessverwaltung verstehen

a. Definieren Sie „Prozess" im Zusammenhang mit Betriebssystemen.

b. Erklären Sie, wie ein Computer mehrere Programme scheinbar gleichzeitig bearbeitet (Prioritätsscheduling).

7 Mit Datenmengen rechnen

In Ihrer Agentur werden täglich durchschnittlich 4,2 GB an Daten produziert.
a. Berechnen Sie die jährliche Datenmenge in TB (Terabyte), wenn an 220
Tagen gearbeitet wird[2].

b. Zur Datenmenge aus a. kommen 50
GB für das Betriebssystem und 200
GB für sonstige Daten hinzu. Berech-
nen Sie, ob eine 1-TB- oder 2-TB-
Platte gewählt werden muss.

2 Hinweis: Bei Datenmengen wird üblicherweise mit Faktor 1.024 gerechnet:
1 TB = 1.024 GB

8 Betriebssysteme kennen

Recherchieren Sie im Internet unter
https://www.netmarketshare.com
die Betriebssysteme mit den höchsten
Markanteilen für
a. Desktop-Geräte

1.

2.

3.

b. Mobile Endgeräte

1.

2.

9 Mobile Betriebssysteme und Desk-
top-Betriebssysteme unterscheiden

Nennen Sie drei Anforderungen an ein
mobiles Betriebssystem im Vergleich
zum Desktop-Betriebssystem.

1.

2.

3.

10 Android und iOS vergleichen

Bei Android handelt es sich um ein quelloffenes Betriebssystem, das von Google und zahlreichen weiteren Firmen weiterentwickelt wird. Bei iOS handelt es sich um das mobile Betriebssystem der Firma Apple.

a. Nennen Sie einen Vor- und einen Nachteil von Android.

Vorteil:

Nachteil:

b. Nennen Sie einen Vor- und einen Nachteil von iOS.

Vorteil:

Nachteil:

c. Welches Betriebssystem bevorzugen Sie persönlich? Notieren Sie hier Ihre Gründe.

d. Diskutieren Sie die in c. gesammelten Argumente im Team.

3.1 Einführung

3.1.1 Definition

Man spricht von einem (Computer-) Netzwerk, wenn mehrere Computer per Kabel oder kabellos miteinander verbunden werden. Dieser Rechnerverbund verfolgt vor allem drei Ziele:

Datenaustausch (File-Sharing)
Der gesamte Datenbestand wird an zentraler Stelle auf einem Server gespeichert. Hierdurch können
- mehrere Nutzer auf die Daten zugreifen,
- Datensicherungen (Backups) an zentraler Stelle durchgeführt werden,
- die Daten durch Vergabe von Zugriffsrechten vor unerlaubtem Zugriff geschützt werden (Datenschutz).

Gemeinsame Nutzung von Ressourcen (Resource-Sharing)
In einem Rechnerverbund können Sie einerseits Hardware wie Drucker, Scanner, Plotter und andererseits Software, die auf einem Server zentral installiert ist, gemeinsam nutzen. Dies spart Kosten und erleichtert die Administration. Auch der Zugang ins Internet erfolgt an zentraler Stelle und kann von allen gemeinsam verwendet werden.

Kommunikation (Communication)
Datennetze ermöglichen die firmeninterne oder globale Kommunikation, ohne dass ein ständiger Griff zum Telefon notwendig ist. Die hohen Bandbreiten moderner Netze gestatten die Durchführung von Videokonferenzen, die manche Geschäftsreise überflüssig machen.

3.1.2 Klassifikation

Datennetze werden hinsichtlich ihrer örtlichen Ausdehnung klassifiziert.

LAN (Local Area Network)
Lokale Netze stellen die mit Abstand größte Gruppe der Datennetze dar. Ihre Ausdehnung ist auf ein Gebäude oder Firmengelände beschränkt und beträgt damit etwa einen Kilometer.

WLAN (Wireless Local Area Network)
Heute spielen kabellose (wireless) lokale Netze eine immer größere Rolle, weil sie flexibel und kostengünstig realisiert werden können. In vielen Netzen finden Sie eine Kombination aus LAN und WLAN.

MAN (Metropolitan Area Network)
Datennetze innerhalb von Städten werden als MAN (Metropolitan Area Network) bezeichnet. Ein Beispiel hierfür ist ein rechnergestütztes Verkehrsleitsystem innerhalb einer Stadt.

WAN (Wide Area Network)
Unter WAN werden landesweite oder länderübergreifende Netze verstanden, wie sie beispielsweise für die Mobiltelefonie zur Verfügung stehen.

GAN (Global Area Network)
Bei weltumspannenden Netzen wie dem Internet spricht man von einem GAN.

VPN (Virtual Private Network)
Wie der Name sagt, nutzt ein VPN öffentliche Netze wie das Internet zur Übertragung nicht öffentlicher (privater) Daten. Auf diese Weise können beispielsweise Firmen, die in vielen Ländern tätig sind, miteinander kommunizieren. Bei der verschlüsselten Übertragung privater Daten in öffentlichen Netzen spricht man von einem *Tunnel*. Nicht autorisierten Nutzern ist ein Zugriff auf diese Daten nicht möglich.

© Springer-Verlag GmbH Deutschland 2018
P. Bühler, P. Schlaich, D. Sinner, *Informationstechnik*, Bibliothek der Mediengestaltung,
https://doi.org/10.1007/978-3-662-54732-8_3

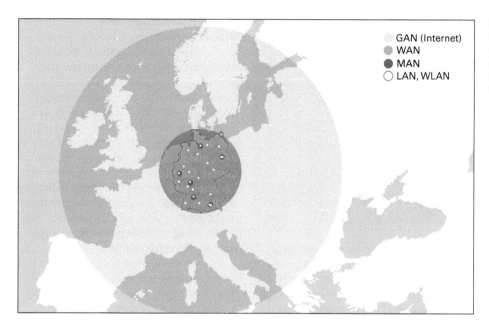

GAN (Internet)
WAN
MAN
LAN, WLAN

Intranet – Internet

Da heutige Netzwerke in vielfältiger Weise miteinander verbunden sind, macht die Unterscheidung in LAN, WAN und GAN oft keinen Sinn mehr.

Zur Bezeichnung von Netzen, die zur internen Kommunikation in Unternehmen oder Behörden dienen, eignet sich der Begriff *Intranet* besser. Ihr Merkmal ist, dass für den Zugriff auf das Netz eine Zugangsberechtigung vorliegen muss. Die räumliche Begrenzung wie bei einem LAN kann jedoch entfallen, weil Firmen, wie oben beschrieben, über VPN-Tunnel landes- oder weltweit miteinander kommunizieren können.

Der Begriff *Internet* dient heute als Überbegriff für einen weltweiten Rechnerverbund mit mehreren Hundert Millionen Rechnern. Das Netz lässt sich für unterschiedliche Zwecke, die als Dienste bezeichnet werden, nutzen. Die wichtigsten Internetdienste sind das World Wide Web (WWW), E-Mail oder die Internettelefonie.

3.1.3 Vernetzungskonzepte

Zentralrechnerkonzept

Bereits in den 70er Jahren hielten große Rechenanlagen Einzug in Industrie und Wirtschaft. Zu dieser Zeit war Rechenleistung umso preiswerter, je größer die Rechenanlage war. So entstanden Großrechner, für die spezielle Räume und eigenes Bedienpersonal (Operator) erforderlich waren.

Zur Einwahl an einem Großrechner genügt der Einsatz von Terminals, bestehend aus Tastatur und Bildschirm, von denen aus ein interaktiver Dialog mit dem Großrechner möglich ist. Dieser arbeitet die Aufgaben der Teilnehmer nacheinander im Timesharing-Verfahren ab, so dass eine scheinbare Parallelverarbeitung erzielt wird.

Aufgrund der enormen technologischen Entwicklung von immer kleineren und immer leistungsfähigeren Prozessoren hat die Bedeutung der zentralen Datenverarbeitung stark

Super-Computer
besitzen Hunderte
von Mikroprozessoren
und werden v. a. zu
Forschungszwecken
gebaut.

Peer-to-Peer-Konzept
Alle Computer sind
gleichberechtigt mitei-
nander verbunden.

Peer-to-Peer-Konzept (P2P)

Mit der Entwicklung des PCs (Personal Computer) Anfang der 80er Jahre
wurde für die meisten Aufgaben die
Nutzung eines Großrechners überflüssig. Das Verbinden gleichwertiger
Computer wird als Peer-to-Peer-Netz
bezeichnet, wobei der Begriff „peer"
aus dem Englischen stammt und so viel
wie „gleichgestellt", „ebenbürtig" bedeutet. Da alle am Netz partizipierenden
Rechner also die gleiche Rechenleistung
besitzen, dient die Verbindung der Rechner ausschließlich zum Datenaustausch,
zur Nutzung gemeinsamer Ressourcen
und zur Kommunikation.

abgenommen. Großrechner werden
heute nur noch installiert, wenn – meist
zu Forschungszwecken – sehr hohe
Rechenleistung benötigt wird. Weltweit
existieren einige Hundert dieser *Super-
Computer*, die durch Parallelbetrieb von
sehr vielen Prozessoren auf enorme
Rechenleistungen kommen, z. B., um
Klimamodelle zu berechnen.

Peer-to-Peer-Netze kommen häufig
im Privatbereich zum Einsatz, um zwei
oder mehr (gleichwertige) Computer
miteinander zu verbinden. Danach
lassen sich Drucker oder der Internetzugang gemeinsam nutzen. Alle gängigen
Betriebssysteme lassen eine Peer-to-
Peer-Vernetzung zu.

Der Begriff Peer-to-Peer wird auch
dann gebraucht, wenn Rechner über
das Internet verbunden sind und lediglich einen gemeinsamen Dienst zur
Verfügung stellen. Bekannte Beispiele
hierfür sind File-Sharing-Systeme wie
Gnutella oder BitTorrent. Das Prinzip
dieser (logischen) P2P-Netze besteht
darin, dass jeder Rechner seine Dateien
zum Download zur Verfügung stellt und
sich somit ein riesiger Verbund an Rechnern ergibt, die einen schnellen Datenaustausch ermöglichen. Beachten Sie
aber, dass der Austausch urheberrecht-
lich geschützter Dateien in Deutschland
illegal ist.

Client-Server-Konzept

Die meisten lokalen Netze besitzen eine
Client-Server-Architektur, bei der es
zwei Arten von Rechnern gibt: Clients
(dt.: Kunde, Auftraggeber) erwarten

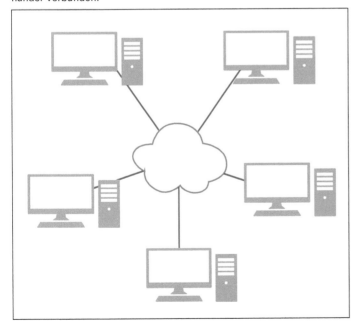

bestimmte Dienste von Servern (dt.: Diener), beispielsweise:

- *Fileserver*
  Server mit gemeinsam oder individuell nutzbaren Daten und gegebenenfalls auch Programmen
- *Printserver*
  Server zur Ansteuerung gemeinsamer Drucker, oft mit einem sogenannten RIP (Raster Image Processor) zur Rasterung der Druckdaten
- *Mailserver*
  Server zur Verwaltung des E-Mail-Verkehrs
- *Webserver*
  Server mit einem durch eine Firewall geschützten Internetzugang zur Weiterleitung (Routing) der Daten an angeschlossene Clients

Neben der Datenverwaltung gehört zu den zentralen Aufgaben eines Servers die Benutzerverwaltung des Netzes (siehe Seite 56). So können die Zugriffsmöglichkeiten auf Daten oder Programme für jeden Benutzer individuell freigegeben oder gesperrt und damit Datenmissbrauch verhindert werden.

Ein weiterer Vorteil eines Servers ist die höhere Datensicherheit, da Datenbackups zentral durchgeführt werden können. Weit verbreitet sind hierfür sogenannte RAID-Systeme wie auf Seite 19 beschrieben. Mit Hilfe einer USV (Unterbrechungsfreie Stromversorgung) können Server zudem vor einem Stromausfall geschützt werden.

Virtualisierung

Eine zwingende Unterscheidung bzw. Trennung zwischen der Hard- und Software eines Servers gibt es heute nicht mehr: Bei einem Server muss es sich nicht um ein eigenes Gerät handeln – auf einem Computer können viele Server betrieben werden. Der Fachbegriff hierfür lautet *Virtualisierung*.

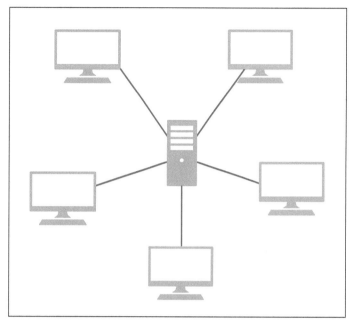

Client-Server-Konzept
Client-Rechner nehmen die Dienste von Servern in Anspruch. Die Linien geben die logischen Verbindungen wieder, nicht die tatsächliche Verkabelung.

Eine Virtualisierungssoftware sorgt dafür, dass eine physisch vorhandene Hardware in mehrere logische Einheiten zerlegt werden kann. Für den außen stehenden Betrachter sieht es so aus, als ob tatsächlich mehrere Computer vorhanden sind. Mit Hilfe der Virtualisierung können Sie im Prinzip ein komplettes (virtuelles) Netzwerk auf einem einzigen Computer betreiben.

Durch Virtualisierung lassen sich vorhandene Rechenkapazitäten besser nutzen. Diese gibt es vor allem im Internet, weil die dort vorhandenen zahllosen Server oft nicht ausgelastet sind. Es gibt daher viele Anbieter, bei denen (virtuelle) Server verfügbar sind – man spricht von *IaaS (Infrastructure as a Service)*. Dies spart einem Unternehmen nicht nur Hardwarekosten, sondern erleichtert auch die Netzwerk-Administration.

3.2 Topologien

Topologie ist die Lehre von der Lage und Anordnung geometrischer Gebilde im Raum. Bezogen auf die Netzwerktechnik wird unter Topologie die Art verstanden, wie Computer physikalisch miteinander verbunden sind.

Beachten Sie, dass heutige Netzwerke stern- oder baumförmig sind. Wir betrachten dennoch kurz die früher eingesetzten Topologien, weil sie in den Anfängen der Netzwerktechnik von großer Bedeutung waren und weil sich die Vorteile der Stern- bzw. Baum-Topologie dann besser verstehen lassen.

3.2.1 Bus-Topologie

Bei der heute veralteten Bus-Topologie wurden alle Rechner einschließlich Server an einer zentralen Leitung – dem Bus – angeschlossen. Damit die Datensignale an den Enden des Busses nicht reflektiert werden, mussten sich dort Abschlusswiderstände (Terminatoren) befinden.

Wie Sie in der Tabelle rechts oben sehen, überwiegen bei der Bus-Topologie die Nachteile. Vor allem die beiden letztgenannten Nachteile machen die Bus-Technologie zu störanfällig und zu unsicher und habe deshalb zur Ablö-sung des Busses durch die Stern-Technologie geführt.

Bus-Topologie	
Pro	Contra
<ul><li>Einfache Installation</li><li>Geringer Verkabelungsaufwand</li><li>Geringe Kosten</li></ul>	<ul><li>Begrenzte Leitungslänge</li><li>Schwierige Fehlersuche</li><li>Häufige Datenkollision, da nur ein Kabel</li><li>Netzausfall bei Unterbrechung des Busses</li></ul>

3.2.2 Ring-Topologie

Auch die Ring-Topologie spielt heute fast keine Rolle mehr. Sie verbindet alle Arbeitsstationen und den oder die Server ringförmig miteinander. Die Daten werden dabei vom sendenden Computer in den Ring eingespeist und „wandern" danach von Rechner zu Rechner. Anhand ihrer Adresse werden sie schließlich vom Zielrechner erkannt. Um einen Netzausfall bei Unterbrechung des Rings zu vermeiden, wurde zur Sicherheit häufig mit einem Doppelring gearbeitet.

Der Vorteil des Rings, nämlich die kollisionsfreie Datenübertragung, wird

Bus-Topologie

Die Bus-Topologie spielt bei heutigen Netzen nur noch im Bereich der Backbones (Hauptverbindungsleitungen) eine Rolle.

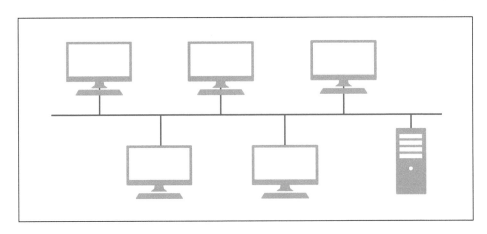

Ring-Topologie	
Pro	Contra
▪ Hohe Ausfallsicherheit (bei Doppelring) ▪ Keine Datenkollisionen ▪ Keine Beschränkung der Gesamtlänge	▪ Hoher Verkabelungsaufwand ▪ Teure Komponenten ▪ Keine Kopplung von Telefon- und Rechnerdaten

durch den Einsatz von Switches auch im Sternnetz erreicht. Die aufwändige Realisierung von Ringnetzen hat deshalb weitgehend an Bedeutung verloren.

3.2.3 Stern-Topologie

Ein sternförmiges Netz lässt sich realisieren, indem jeder Computer mit einem zentralen Sternverteiler (Switch) verbunden wird. Dies hat zunächst einen deutlich höheren Verkabelungsaufwand zur Folge als bei der Bus- oder Ring-Topologie. Dennoch sind die heutigen Rechnernetze sternförmig oder, durch Kombination mehrerer Sternnetze, baumförmig aufgebaut. Warum haben sich Sternnetze durchgesetzt?

Die Hauptursache für den durchschlagenden Erfolg dieser Technologie ist, dass der zentrale Sternpunkt heute ausschließlich durch sogenannte Switches (dt.: Schalter) gebildet wird. Im Unterschied zu den früher verwendeten Hubs (dt.: Speicherrad) vermeidet ein Switch Datenkollisionen, indem er

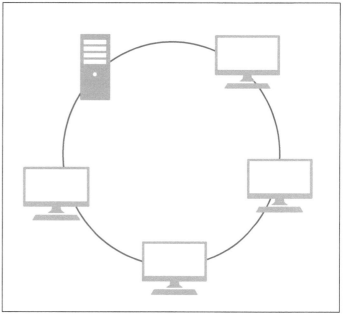

Ring-Topologie (oben)
Die Ring-Topologie hat heute fast keine Bedeutung mehr.

Stern-Topologie (unten)
Heutige Datennetze sind sternförmig aufgebaut.

Stern-Topologie	
Pro	Contra
▪ Keine Datenkollisionen (Switch) ▪ Netzerweiterung problemlos möglich ▪ Kombination mit WLAN möglich ▪ Kostengünstige Komponenten	▪ Netzausfall bei Ausfall des Switches ▪ Aufwändige Verkabelung ▪ Begrenzte Leitungslänge

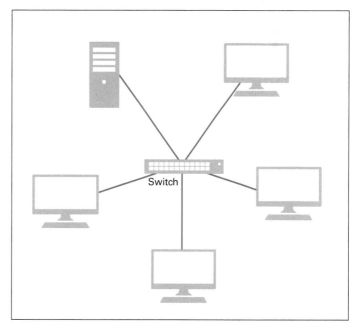

Baum-Topologie

In großen Netzen werden mehrere „Sterne" miteinander verbunden, so dass sich eine Baumstruktur ergibt.

zwischen Sender und Empfänger intern eine direkte Verbindung schaltet, die eine störungsfreie Datenübertragung ermöglicht. Damit entfällt das Argument, dass Sternnetze bei hoher Belastung keine gute Performance besitzen.

Auch der bisherige Nachteil des höheren Verkabelungsaufwandes kann heute umgangen werden, indem sich Computer über WLAN auch kabellos ins Netz integrieren lassen. Die Nutzung ist hierdurch nicht mehr ortsgebunden.

3.2.4 Baum-Topologie

In größeren Netzen, denken Sie an ein mehrstöckiges Gebäude, wäre es unsinnig, alle Computer an einen einzigen Sternpunkt anzuschließen. Fiele dieser aus, wäre das gesamte Netz lahmgelegt. Außerdem ist die Leitungslänge zwischen Computer und Switch begrenzt. In großen Netzen bietet sich deshalb die Realisierung einer Baumstruktur an: Die „Wurzel" wird durch ein oder mehrere Haupt-Switches gebildet, an die, z. B. für jedes Stockwerk, Sub-Switches angeschlossen werden. Wenn ein Sub-Switch ausfällt, bleiben die Teilnetze der anderen Stockwerke weiterhin nutzbar.

Neben der Ausfallsicherheit ergibt sich der Vorteil, dass Sie die Netzwerkkomponenten an die zu erwartende Datenmenge anpassen können. So kann die schnelle, aber teurere Glasfaserverkabelung auf die Hauptäste beschränkt bleiben, während für die Teilnetze Kupfertechnologie zum Einsatz kommt.

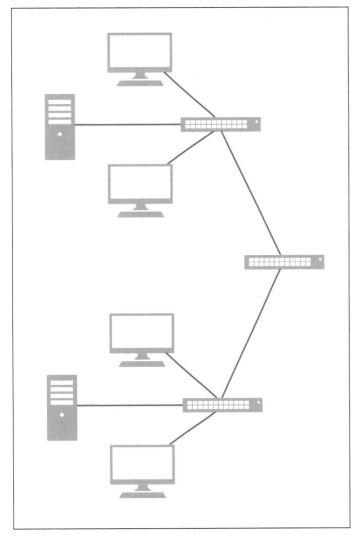

Baum-Topologie	
Pro	Contra
• Kombination der Vorteile von Bus- und Stern-Topologie • Realisation sehr großer Netze • Teilbetrieb bei Ausfall eines Switches möglich • Netzerweiterung problemlos möglich • Kombination mit WLAN möglich • Schnelle (Glasfaser-) Verbindung z. B. zwischen Switches realisierbar	• Aufwändige Verkabelung • Hardware ist nicht so mobil wie bei reinen WLAN-Netzen

3.3   Verbindungen

Die Auswahl des richtigen Kabels hängt von der gewünschten Übertragungsrate, der Netztopologie und nicht zuletzt von den Kosten des Kabels ab. Für drahtgebundene Verbindungen kommen hierbei zwei Medien in Frage: Twisted-Pair-Kabel oder Lichtwellenleiter.

3.3.1   Twisted Pair

Das Twisted-Pair-Kabel besteht aus vier verdrillten Aderpaaren aus Kupfer. Das Verdrillen der Kupferadern dient zur Reduktion äußerer Störeinflüsse. Besitzt das Kabel keine weitere Abschirmung, wird von einem ungeschirmten Kabel gesprochen (U, unshielded).

Die Störanfälligkeit von Twisted-Pair-Kabeln lässt sich reduzieren, wenn entweder jedes Aderpaar einzeln und/oder alle vier Aderpaare gemeinsam von einem Drahtgeflecht aus Kupfer (S, shielded), von einer Alufolie (F, foiled) oder von beidem (SF) umschlossen werden. Hierdurch entsteht ein sogenannter *Faraday'scher Käfig* wie bei einem (metallischen) Auto, das den Insassen auch bei einem Gewitter Schutz bietet. Je nach Kombination der oben genannten Möglichkeiten werden Twisted-Pair-Kabel folgendermaßen klassifiziert:

Twisted-Pair-Kabel		
Bez.	Gesamtschirmung	Aderpaarschirmung
UTP	ohne	ohne
S/UTP	Geflecht	ohne
F/UTP	Folie	ohne
SF/UTP	Geflecht und Folie	ohne
S/FTP	Geflecht	Folie
F/FTP	Folie	Folie
SF/FTP	Geflecht und Folie	Folie

Je besser ein Kabel abgeschirmt ist, umso höher ist seine Qualität und die erreichbare Datenrate.

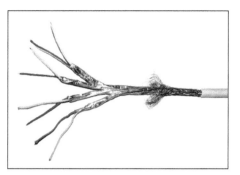

Twisted-Pair-Kabel
Das Foto zeigt ein durch Alufolie und Drahtgeflecht geschirmtes CAT-7-Kabel (S/FTP).

Die Verkabelung mit Twisted Pair wird bei sternförmig vernetztem *Ethernet* (siehe nächstes Kapitel) eingesetzt. Die Verbindung von Twisted-Pair-Kabel und Switch erfolgt mittels RJ45-Stecker bzw. -Buchse, ebenso die Verbindung des Kabels mit dem Netzwerkcontroller des Computers.

Der große Vorteil einer Twisted-Pair-Verkabelung liegt in den niedrigen Kosten und der einfachen Installation. Die zulässige Kabellänge sowie die gewünschte Datenrate[1] des Netzes muss bei der Auswahl des Kabels beachtet werden. Twisted-Pair-Kabel werden hierzu in Kategorien von 1 bis 8 eingeteilt:

RJ45-Stecker

Kabelkategorien		
Bez.	Typ	Einsatz (siehe S. 76)
CAT 3	UTP	10-MBit-Ethernet
CAT 4	UTP	unbedeutend
CAT 5/5e	UTP	100-MBit-/1-GBit-Ethernet
CAT 6	UTP	1-/10-GBit-Ethernet
CAT 6a	STP	10-GBit-Ethernet
CAT 7	S/FTP	10-GBit-Ethernet
CAT 8	S/FTP	40-GBit-Ethernet

Für die heute üblichen 1-GBit/s-Netze benötigen Sie also Kabel der Kategorie 5e oder 6. Beachten Sie weiterhin, dass zur direkten Verbindung zweier Rechner

---

1   Der Begriff Datenrate und seine Einheiten werden auf Seite 4 erklärt.

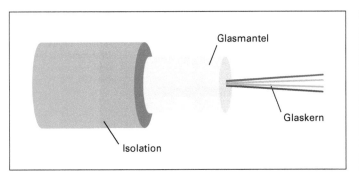

Links:
Prinzipieller Aufbau
eines Lichtwellenlei-
ters (LWL). Das Licht
bewegt sich durch
den Glaskern, weil
es am Glasmantel
reflektiert wird.

Rechts:
Stecker für Lichtwel-
lenleiter

(ohne Switch) ein gekreuztes (cross-
over)Twisted-Pair-Kabel benutzt werden
muss.

3.3.2 Lichtwellenleiter

Licht bewegt sich mit Lichtgeschwin-
digkeit (ca. 300.000 km/s) und damit
deutlich schneller als Elektronen.

Lichtwellenleiter (LWL), umgangs-
sprachlich als Glasfaser bezeichnet,
bestehen aus etwa 0,05 mm dünnen
Glasfasern, die von einem äußeren
Glasmantel mit einem anderen Bre-
chungsindex umhüllt sind. Dadurch
werden die Lichtimpulse am äußeren
Mantel vollständig reflektiert und bewegen sich entlang der inneren Fasern.

Lichtwellen besitzen im Vergleich zu
Twisted Pair eine Reihe von Vorteilen:
- Sehr hohe Datenraten von derzeit bis
  zu 100 GBit/s. Ein Beispiel soll Ihnen
  diese enorme Bitrate illustrieren: Eine
  DVD-Video mit typischerweise 4,7 GB
  (oder 37,6 GBit) Daten wäre über dieses Netz in weniger als einer halben
  Sekunde kopiert!
- Deutlich größere maximale Kabellänge als bei Kupferkabeln – derzeit
  sind Kabel bis zu 40 km verfügbar.
  Lichtwellenleiter bieten sich deshalb
  beispielsweise zur Verkabelung innerhalb von Städten an.
- Unempfindlichkeit gegenüber elektri-

schen oder elektromagnetischen
Störeinflüssen, d. h., dass sie beispielsweise auch parallel zu Stromlei-
tungen verlegt werden können.
- Das Abhören von Lichtwellenleitern
  ist schwieriger als bei Kupferkabeln.
  Komplett abhörsicher sind jedoch
  auch sie nicht. So verlässt bei Bie-
  gungen einTeil des Lichts die Faser,
  dies kann gemessen und ausgewertet
  werden.

Den obigen Vorteilen stehen die deut-
lich höheren Kosten für Installation
und Komponenten gegenüber. Um die
Kosten zu reduzieren, werden in lokalen
Netzen deshalb oft Lichtwellenleiter mit
Twisted Pair kombiniert.

Wie auch beiTwisted-Pair-Kabeln
hängt die Auswahl des Kabels vom
Einsatzzweck ab, insbesondere von der
gewünschten Datenrate und der maximalen Leitungslänge. In derTabelle
finden Sie eine Auswahl aktuell verfüg-
barer Kabel:

Kabelbezeichnung (Auswahl)		
Bezeichnung	Einsatz (siehe S. 76)	max. Länge
1000BASE-FX	1-GBit-Ethernet	10 km
1000BASE-LX10	1-GBit-Ethernet	10 km
10GBASE-LR	10-GBit-Ethernet	10 km
10GBASE-ER	10-GBit-Ethernet	40 km
40GBASE-LR4	40-GBit-Ethernet	10 km
40GBASER-ER4	40-GBit-Ethernet	40 km
100GBASE-ER4	100-GBit-Ethernet	40 km

3.3.3 WLAN (Wi-Fi)

Kommunikation und Information an jedem Ort und zu jeder Zeit – dies ist eine unaufhaltsame Entwicklung im 21. Jahrhundert.

WLAN spielt dabei im Privatbereich, in Firmennetzen sowie zunehmend auch im öffentlichen Bereich eine zentrale Rolle: In Schulen, Hochschulen, Hotels, Bahnhöfen, Flughäfen, Zügen und Flugzeugen und sogar in gesamten Innenstädten wird WLAN als Serviceleistung erwartet.

Standards

Wie der Name (Wireless Local Area Network) sagt, ist WLAN für räumlich begrenzte Netze vorgesehen – die Reichweiten der Sender sind deutlich geringer als die Entfernungen, die bei Verkabelung möglich sind.

In der Tabelle sind die aktuell (Stand: 2018) wichtigsten Standards des „Institute of Electrical and Electronics Engineers", kurz IEEE, zusammengefasst:

WLAN-Standards			
IEEE	Brutto-Datenrate	Netto-Datenrate	Entf.
802.11n	600 MBit/s	240 MBit/s	100 m
802.11ac	ca. 7 GBit/s	3,5 GBit/s	50 m
802.11ad	ca. 7 GBit/s	n.a.	10 m

Wie Sie der Tabelle entnehmen, muss bei der maximalen Datenrate zwischen brutto und netto unterschieden werden: Für uns Anwender ist die Netto-Datenrate von Bedeutung, da sie die (unter optimalen Bedingungen) tatsächlich übertragbaren Nutzdaten angibt. In der Tat gibt es viele Faktoren, die zu einer Begrenzung der Datenrate führen, z. B. die Entfernung zwischen Sender und Empfänger sowie Objekte (Möbel, Wände, Häuser), die sich zwischen Sender und Empfänger befinden. Schließlich wird die Datenrate durch die Anzahl an Nutzern beeinflusst, da diese die Datenrate unter sich aufteilen.

Wi-Fi

Wenn WLAN im öffentlichen Bereich angeboten wird, spricht man von einem *Hot Spot*. Häufig finden Sie in diesem Zusammenhang auch den Begriff *Wi-Fi*, der dieselbe Bedeutung wie WLAN hat. Ein WLAN- oder Wi-Fi-Hot-Spot kann öffentlich zugänglich gemacht oder mit einem Zugangsschlüssel versehen werden. Bei offenen Netzen ist derzeit rechtlich noch nicht eindeutig geklärt, wer im Falle des Missbrauchs haftet: Nutzer oder Anbieter?

Da die Reichweite wie oben erwähnt auf wenige Meter begrenzt ist, müssen für größere Bereiche mehrere Hot Spots installiert und zu einem Funkzellennetzwerk (Wireless Bridging) verbunden werden. Innerhalb dieses Netzwerks können sich die Nutzer frei bewegen. Der Wechsel von einem Hot Spot zum nächsten erfolgt – wie bei der Mobiltelefonie – automatisch. Die Technik ermöglicht also eine flächendeckende Funkvernetzung.

WLAN-Adapter und Access-Point

Damit ein Computer am Funknetz partizipieren kann, benötigt er einen WLAN-Adapter. In heutigen Computern und mobilen Endgeräten ist dieser bereits integriert, für ältere Geräte gibt es WLAN-USB-Sticks.

WLAN-fähige Endgeräte können ohne weitere Hardware zu einem Ad-hoc-Netz zusammengeschlossen werden. Meistens kommt jedoch eine als *WLAN-Access-Point* bezeichnete Vermittlungsstation zum Einsatz. Diese bietet den Vorteil, dass sie gleichzeitig eine Schnittstelle zum verkabelten LAN

WLAN – LAN
Die Anbindung von
WLAN an ein lokales
Netzwerk erfolgt über
einen WLAN-Access-
Point.

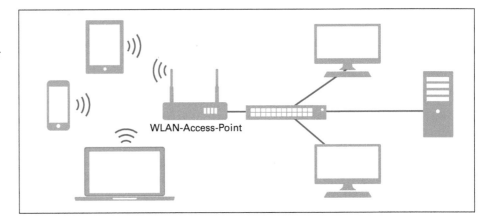

WLAN-Access-Point

bereitstellt. Somit können mobile Computer in bestehende kabelgebundene Netze eingebunden werden. Bei heutigen WLAN-Access-Points handelt es sich oft um Kombigeräte, die zusätzlich einen DSL-Router und eine Telefonanlage enthalten.

Strahlung
Da die zur Übertragung erforderlichen Trägerfrequenzen (2,4 GHz, 5 GHz oder 60 GHz) im Bereich der Mikrowellenstrahlung liegen, stellt sich die Frage, inwieweit eine derartige Strahlung gesundheitsschädlich sein kann oder ist. Wenn Sie zu den elektrosensiblen Menschen gehören, sollten Sie deshalb auf WLAN im Schlafzimmer verzichten oder Ihren WLAN-Access-Point nachts abschalten.

Verschlüsselung
Während der Datenübertragung wird die gewählte Trägerfrequenz ständig gewechselt, um Störungen durch Überlagerung anderer Frequenzen zu vermeiden und um die Übertragung abhörsicherer zu machen. Dennoch ist die Funktechnik anfällig gegenüber „Lauschangriffen". Als Gegenmaßnahme muss eine Verschlüsselungstech-

nologie eingesetzt werden. Derzeit empfehlenswerter Standard ist WPA2.

Überprüfen Sie, ob Sie in Ihrem WLAN-Access-Point die veraltete WEP-Verschlüsselung eingestellt habe. Diese kann mittels geeigneter Software in wenigen Minuten gehackt werden.

3.3.4 Bluetooth

Auch Bluetooth ist eine Funkverbindung, deren Reichweite für den Nahbereich bis 30 m gedacht ist und für folgende Anwendungen genutzt wird:
- Zugriff auf Peripheriegeräte (z. B. Drucker, Tastatur, Lautsprecher oder Kopfhörer)
- Datenaustausch zwischen Mobilgeräten
- Kommunikation (z. B. zwischen Controller und Spielkonsolen)

Zur Vernetzung von PCs eignet sich Bluetooth nicht, weil die Übertragungsrate mit maximal 2,1 MBit/s hinter den Möglichkeiten von WLAN weit zurückbleibt. Zum Anschluss Bluetooth-fähiger Geräte an den Computer benötigt man, falls nicht bereits integriert, einen Bluetooth-USB-Adapter.

Ethernet ist zum Synonym für kabelgebundene lokale Netze geworden. Das Verfahren ist unter IEEE 802.3 standardisiert und wird ständig weiterentwickelt. Die Bezeichnung „Ethernet" umfasst

- das Zugriffsverfahren (CSMA/CD),
- die Beschreibung der benötigten Stecker und Kabel für die Integration eines Computers in ein LAN,
- die Protokolle zur Regelung des Datenverkehrs,
- die Art der Datenübertragung in Datenpaketen (Frames).

3.4.1 CSMA/CD

Zum Betrieb eines Netzwerkes muss eindeutig festgelegt sein, wie der Datenaustausch zwischen den einzelnen Rechnern im Netz erfolgen soll. Diese als Zugangs- oder Zugriffsverfahren bezeichnete Festlegung besitzt bei Ethernet die komplizierte Bezeichnung *CSMA/CD (Carrier Sense Multiple Access/Collision Detection)*:

A Alle Rechner „hören" permanent das Netz ab *(Carrier Sense)*, um festzustellen, ob Daten zu empfangen sind oder ob das Medium zum Senden eigener Daten frei ist.

B Ein Rechner beginnt zu senden, wenn das Netz frei ist, andernfalls startet er nach einer Wartezeit einen erneuten Versuch *(Multiple Access)*.

C Wenn zufällig ein zweiter Rechner gleichzeitig zu senden beginnt, kommt es zur Datenkollision.

D Der Rechner, der die Kollision zuerst entdeckt *(Collision Detection)*, sendet ein Störsignal (Jamming-Signal) aus. Damit erfahren alle Rechner, dass eine Störung vorliegt und somit das Senden momentan nicht möglich ist.

E Nach einer kurzen Zufallszeit versucht der sendewillige Rechner

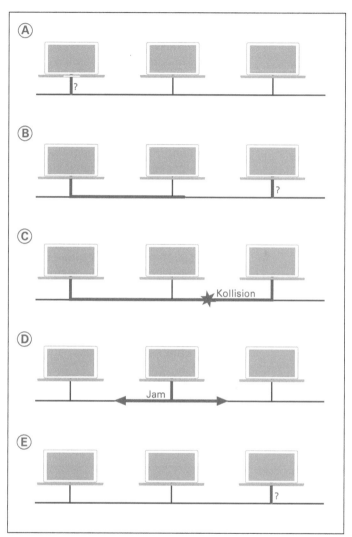

erneut zu senden. Die Wahrscheinlichkeit, dass es wieder zu einer Kollision kommt, ist nun gering, sollte es dennoch dazu kommen, wiederholen sich D und E.

In der Grafik ist das Zugriffsverfahren am Beispiel der heute veralteten Bus-Topologie dargestellt. Als Ethernet vor etwa dreißig Jahren entwickelt wurde, war diese Topologie jedoch weit verbrei-

CSMA/CD

Die Grafik illustriert den Ablauf der Kollisionserkennung (Collision Detection).

tet. Dies erklärt, weshalb ein Verfahren zur Kollisionserkennung eingesetzt werden musste.

Die Situation heute ist eine andere: Lokale Netze sind fast ausschließlich sternförmig aufgebaut. Als Sternverteiler kommen *Switches* zum Einsatz, die eine „Intelligenz" besitzen und für die Datenübertragung immer eine direkte Verbindung zwischen Sender und Empfänger herstellen – daher auch die Bezeichnung *Switch* (dt.: Schalter).

Ein „Switched Ethernet" arbeitet damit kollisionsfrei, so dass CSMA/CD nicht benötigt würde. Dennoch hat man es dabei belassen, auch um Kompatibilität zu Netzen mit Kollisionen zu erreichen. Durch die Kollisionsfreiheit steigert sich natürlich die Performance im Netz, da alle Daten nur einmal gesendet werden müssen.

3.4.2 Ethernet-Standards

Immer größere Datenmengen erfordern immer schnellere Netze. In der Tabelle finden Sie eine Zusammenstellung der aktuellen Ethernet-Standards, deren Datenraten und mögliche Verkabelung.

Um ein Gefühl für die (abstrakten) Zahlen zu bekommen, machen wir ein Rechenbeispiel (vgl. Seite 4).

Beispielrechnung
Wie lange dauert (theoretisch) die Übertragung von 100 GB (Gigabyte) in einem 10-GBit/s-Netz?

Datenrate:
```
  10 GBit/s             |x 1.000
= 10.000 MBit/s         |x 1.000
= 10.000.000 kBit/s     |x 1.000
= 10.000.000.000 Bit/s
```
Datenmenge:
```
  100 GB                |x 8
= 800 GBit              |x 1.024
= 819.200 MBit          |x 1.024
= 838.860.800 kBit      |x 1.024
= 858.993.459.200 Bit
```
Übertragungszeit:
```
  858.993.459.200 Bit
÷10.000.000.000 Bit/s
= 85,9 s
```

Die Rechnung berücksichtigt nicht, dass ein 10-GBit/s-Netz in der Praxis keine 10 GBit/s übertragen kann, sondern einen deutlich geringeren Wert.

Ethernet-Standards

In heutigen Netzen kommt überwiegend das Gigabit-Ethernet zum Einsatz (Stand: 2018).

Ethernet-Standards				
Name	Datenrate	Bezeichung (Bsp.)	Kabelart	max. Länge
Ethernet	10 MBit/s	10BASE-T	Twisted Pair (CAT 3)	100 m
Fast Ethernet	100 MBit/s	100BASE-TX 100BASE-FX	Twisted Pair (CAT 5, 5e) Lichtwellenleiter	100 m 10 km
Gigabit-Ethernet	1 GBit/s	1000BASE-T 1000BASE-LX10	Twisted Pair (CAT 5, 5e, 6) Lichtwellenleiter	100 m 10 km
10-GBit-Ethernet	10 GBit/s	10GBASE-T 10GBASE-ER	Twisted Pair (CAT 6a, 7) Lichtwellenleiter	100 m 40 km
40-GBit-Ethernet 100-GBit-Ethernet	40 GBit/s 100 GBit/s	40GBASE-T 100GBASE-ER4	Twisted Pair (CAT 8) Lichtwellenleiter	10 km 40 km
200-GBit-Ethernet 400-GBit-Ethernet	200 GBit/s 400 GBit/s	200GBASE-LR4 400GBASE-LR8	Lichtwellenleiter	10 km

3.4.3 Adressierung

Daten werden stets in Paketen übertragen. Diese müssen – wie bei der Post auch – eine eindeutige Sender- und Empfängeradresse besitzen.

MAC-Adresse

In Netzwerken wird diese Adressierung über die MAC-Adresse gewährleistet, wobei MAC für *Media Access Control* steht und nichts mit Apple zu tun hat. Jedes netzwerkfähige Endgerät besitzt eine weltweit einmalige MAC-Adresse bestehend aus einer 48-Bit-Zahl, die in sechs Blöcke mit je einem Byte (6 x 8 Bit = 48 Bit) gegliedert ist. MAC-Adressen werden in hexadezimaler Schreibweise notiert, wobei ein Byte durch zwei Hexadezimalzahlen angegeben wird **A**.

Mit 48 Bit lassen sich 2^{48} (281 Billionen) unterschiedliche Adressen erzeugen, so dass der Vorrat so schnell nicht erschöpft sein wird.

IP-Adresse

Nun haben Sie sicherlich schon gehört, dass in Netzwerken (wie auch im Internet) eine weitere Adresse, die IP-Adresse, eine wichtige Rolle spielt. Worin liegt der Unterschied zwischen MAC- und IP-Adresse?

Eine MAC-Adresse ist hardwaremäßig festgelegt und unveränderlich. IP-Adressen hingegen können *dynamisch* verwaltet werden: Wenn Sie sich mit einem Computer am Netz anmelden, erhält er eine IP-Adresse zugeteilt. Nach Abschalten des Computers wird diese IP-Adresse wieder frei. Auf diese Weise wird die Verwaltung von Netzen flexibler (siehe Seite 86).

Ethernet-Frame

Vor der Datenübertragung „schnürt" der Sender ein Datenpaket, das als Ethernet-Frame bezeichnet wird. In der Grafik unten ist eine mögliche Spezifikation eines Ethernet-Frames dargestellt. Es sei aber darauf hingewiesen, dass es noch andere Spezifikationen gibt. Der Ethernet-Frame setzt sich aus folgenden Teilen zusammen:

- MAC-Adresse des Empfängers
- MAC-Adresse des Senders
- Zusatzinformation über das Netzwerkprotokoll
- Die eigentlichen Nutzdaten, wobei maximal 1500 Byte möglich sind
- Prüfsumme zur Fehlererkennung bei der Datenübertragung

Trifft ein Paket im Switch ein, stellt dieser mit Hilfe der beiden MAC-Adressen eine direkte Verbindung zwischen Sender und Empfänger her.

Ethernet-Frame

Die Grafik zeigt den möglichen Aufbau eines Ethernet-Frames zur Übertragung von maximal 1500 Bytes an Nutzdaten. (Die Zahlen sind lediglich Beispiele.)

Größere Datenmengen müssen auf mehrere Frames verteilt werden.

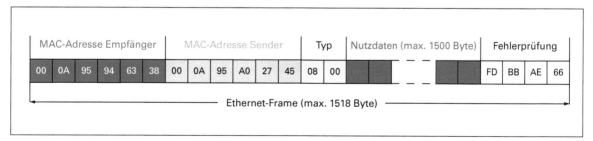

MAC-Adresse Empfänger						MAC-Adresse Sender						Typ		Nutzdaten (max. 1500 Byte)			Fehlerprüfung			
00	0A	95	94	63	38	00	0A	95	A0	27	45	08	00				FD	BB	AE	66

Ethernet-Frame (max. 1518 Byte)

3.5 Referenzmodelle

3.5.1 Einführungsbeispiel

Die Auseinandersetzung mit Referenzmodellen und Netzwerkprotokollen ist abstrakt und primär den Informatikern vorbehalten. Weshalb plagen wir Sie dennoch mit dieser Materie?

Der Grund ist, dass sich die Funktionsweise eines Netzwerks ohne Referenzmodell kaum erklären lässt, geschweige denn verstanden werden kann. Wir möchten Ihnen deshalb in diesem Kapitel die beiden zentralen Referenzmodelle, das OSI-Referenzmodell und das TCP/IP-Modell, in Grundzügen vorstellen. Mit diesem Wissen werden Sie dann die Bedeutung der Netzwerkkomponenten (wie Switch oder Router) sowie die Notwendigkeit unterschiedlicher Protokolle (wie ARP, TCP, IP, SMTP) besser verstehen.

Referenzmodell
Nehmen Sie an, dass Sie mit einem französischen Freund telefonieren. Sie sprechen beide Englisch, da Sie kein Französisch und Ihr Freund kein Deutsch spricht. Eine Alltagssituation, die bei genauerer Betrachtung relativ komplex ist. Die Grafik zeigt, wie sich das Beispiel in Teilaufgaben zerlegen und in *Schichten* darstellen lässt. Alle Schichten zusammen werden als *Referenzmodell* bezeichnet.

Schichtenmodell
Auch ein alltäglicher Vorgang wie ein Telefonat lässt sich in (logische) Schichten beschreiben.

Ist das Modell zur Beschreibung sämtlicher Vorgänge dieser Art gültig, spricht man von einem Referenzmodell.

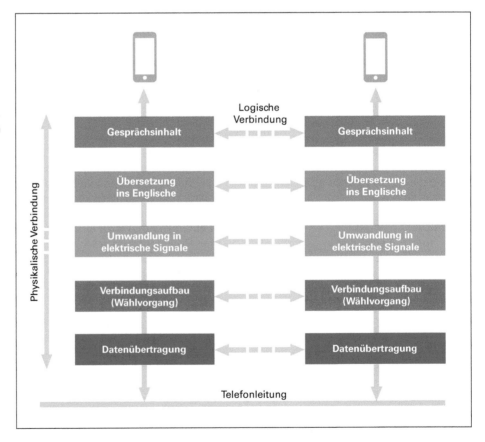

78

- Die oberste Schicht beschreibt den Gesprächsinhalt. Dieser zunächst rein gedankliche Vorgang spielt sich im Gehirn ab.
- Die nächste Schicht stellt die Übersetzung der (muttersprachlichen) Gedanken in die Sprache Englisch dar. Sie endet mit der Aussprache der Worte und Sätze.
- Die darauf folgende Schicht beschreibt die Umsetzung der akustischen in elektrische bzw. in digitale Signale.
- Die vorletzte Schicht beschreibt die Verbindung der beiden Telefone, die durch einen Wählvorgang hergestellt wird.
- Die unterste Schicht bestimmt schließlich, in welcher Form die digitalen Signale von Deutschland nach Frankreich und zurück übertragen werden.

Protokolle
Nachdem der Vorgang des Telefonierens in einzelnen Schichten beschrieben wurde, müssen im zweiten Schritt Regeln definiert werden, nach denen die einzelnen Schichten funktionieren. Außerdem muss festgelegt werden, wie die Schichten miteinander verbunden werden. Die technische Bezeichnung für diese Regelwerke lautet *Protokoll*.

- Das Protokoll der obersten Schicht liefert das Regelwerk für die deutsche bzw. französische Sprache. Es enthält den Zeichensatz, die zulässigen Kombinationen der Zeichen zu Wörtern bzw. Sätzen (Syntax) und ordnet den Wörtern und Sätzen eine Bedeutung (Semantik) zu.
- Nun muss durch ein weiteres Regelwerk festgelegt werden, wie die deutsche bzw. französische Sprache ins Englische übersetzt wird.
- Die darauf folgenden technischen

Protokolle legen fest, wie (a) die Umsetzung der akustischen in elektrische Signale, (b) der Verbindungsaufbau und (c) die eigentliche Übertragung der Informationen erfolgen soll.
Eine Schicht muss von den angrenzenden Schichten nur „wissen", wie ihr die Informationen übergeben werden und wie sie die Informationen weitergeben muss. Dies ist durch die Protokolle geregelt. Ansonsten übernimmt die jeweilige Schicht die ihr zugeteilte Aufgabe, ohne den Gesamtzusammenhang des Systems zu kennen.

Obwohl der physikalisch-technische Ablauf eines Telefonats im Referenzmodell von oben nach unten und umgekehrt von unten nach oben verläuft, sind gleichartige Schichten „logisch" horizontal miteinander verbunden. In der obersten Schicht kommunizieren die beiden Gesprächspartner miteinander – wenn auch nur gedanklich. In der nächsten Schicht findet die Übersetzung Deutsch – Französisch über den Umweg Englisch statt, usw. Die Schichten sind nicht an den Vorgang des Telefonierens gebunden und würden ebenso ablaufen, wenn die Gesprächspartner in einem Raum sitzen würden.

Zusammenfassung
Das obige Beispiel veranschaulicht die Vorteile eines Referenzmodells:
- Komplexe Zusammenhänge lassen sich in kleine, überschaubare Einheiten (Schichten) zerlegen.
- Für jede Schicht lassen sich Regeln (Protokolle) definieren, wie die Informationen zu verarbeiten sind.
- Jede Schicht funktioniert unabhängig vom restlichen System.
- Schichten und Protokolle können in verschiedenen technischen Systemen verwendet werden.

3.5.2 OSI-Referenzmodell

OSI-Referenzmodell

Die unteren vier Schichten sind transportorientierte, die oberen drei Schichten anwendungsorientierte Schichten.

Zur strukturierten Beschreibung von Datennetzen hat die Organisation ISO (International Standardization Organisation) 1983 ein Referenzmodell entwickelt, das sie mit OSI (Open System Interconnection) bezeichnet hat und

das sieben Schichten (Layers) definiert. Für jede dieser sieben Schichten sind spezifische Aufgaben festgelegt und entsprechende Protokolle standardisiert worden, die in den folgenden Abschnitten kurz angesprochen werden.

Kritiker wenden ein, dass das OSI-Referenzmodell zu „aufgebläht" und zu akademisch sei und in der Praxis deshalb wenig Verwendung fände. Aus diesem Grund existieren zahlreiche weitere Modelle, die mit weniger Schichten auskommen (siehe nächster Abschnitt).

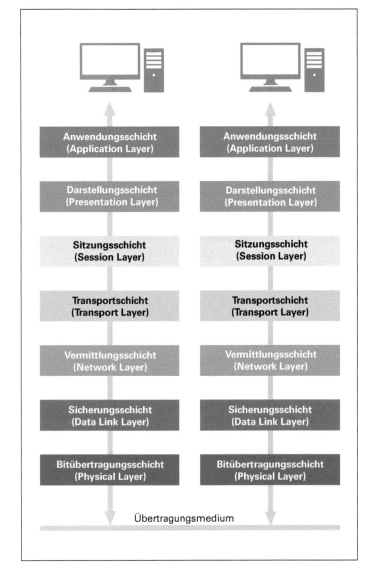

Schicht 1: Bitübertragungsschicht
Die unterste Schicht des Referenzmodells legt fest, wie die binäre Übertragung der einzelnen Bits – also logisch Null oder Eins – zu erfolgen hat. Dazu muss zunächst entschieden werden, welches Kabel und welche Stecker zu verwenden sind. Zweitens definiert die Schicht, wie die Daten übertragen werden.

Wenn Sie das vorherige Kapitel gelesen haben, dann wissen Sie bereits, dass beim Ethernet wahlweise Twisted-Pair-Kabel oder Lichtwellenleiter verwendet werden und die Übertragung in Paketen über Ethernet-Frames erfolgt.

Schicht 2: Sicherungsschicht
Die Sicherungsschicht dient – wie der Name sagt – zur Sicherung des Datenstromes zwischen den Kommunikationspartnern. Dazu gehört einerseits die Fehlererkennung und -korrektur und andererseits die sogenannte Flussregelung. Darunter wird die Synchronisation zwischen Sender und Empfänger verstanden. Dies geschieht durch Aufteilung der Daten in Blöcke, die in einen Übertragungsrahmen (z. B. Ethernet-Frame) eingepasst werden.

In der Sicherungsschicht wird weiterhin das Zugriffsverfahrens festgelegt:

Bei Ethernet handelt es sich dabei um das im letzten Kapitel beschriebene CSMA/CD-Verfahren. Bei WLAN kommt ein modifiziertes Zugriffsverfahren namens CSMA/CA zum Einsatz.

Hardware, die auf Schicht 2 des Modells arbeitet, sind Netzwerkkarten und Switches.

Schicht 3: Vermittlungsschicht

In der Vermittlungsschicht werden die sogenannten Paketleitwege bestimmt. Darunter versteht man die Festlegung des Weges (Routing) vom Ursprungs- zum Zielrechner. Zwischen diesen können wie beim Internet Tausende von Kilometern Distanz liegen, so dass es eine große Zahl von möglichen „Routen" gibt.

Aufgabe der Schicht 3 ist es, eine günstige Route auszuwählen und eine entsprechende Adressierung der Datenpakete vorzunehmen. Diese Aufgabe übernehmen Router, die im Netzwerk als eigenständige Geräte installiert sind.

Das wichtigste Protokoll der Vermittlungsschicht ist das Internet Protocol (IP), auf das wir wegen seiner großen Bedeutung ab Seite 86 genauer eingehen.

Schicht 4: Transportschicht

Die letzte der vier unteren, *transportorientierten Schichten* des OSI-Referenzmodells bildet die eigentliche Transportschicht. Ihre Aufgabe besteht in der Verknüpfung der beiden Kommunikationspartner durch Auf- und Abbau der Verbindung. Außerdem werden die zu übertragenden Daten auf der Senderseite in kleinere Einheiten zerlegt und auf Empfängerseite auf Vollständigkeit geprüft und wieder zusammengesetzt.

Wichtigstes Protokoll der Transportschicht ist das Transmission Control Protocol (TCP), dessen Aufgaben Sie auf Seite 91 nachlesen können.

Schicht 5: Sitzungsschicht

Die drei oberen Schichten des Referenzmodells werden als *anwendungsorientierte Schichten* bezeichnet. Aufgabe der Schicht 5 ist die Dialogsteuerung. Darunter versteht man die Festlegung, welche der beteiligten Stationen senden und welche empfangen darf (Token-Management). Zusätzlich regelt diese Schicht auch die Synchronisation der Teilnehmerverbindungen, die Sessions genannt werden.

Schicht 6: Darstellungsschicht

Die Darstellungsschicht ist insbesondere für die Syntax und Semantik der übertragenen Informationen zuständig. Darunter ist zu verstehen, dass die zu übertragenden Daten einheitlich codiert und damit standardisiert werden.

Der wichtigste internationale Code hierfür ist der ASCII. Eine weitere Aufgabe der Schicht 6 besteht in der Verschlüsselung von Daten.

Schicht 7: Anwendungsschicht

Die oberste Schicht stellt die Schnittstelle zum Anwender dar. Die zugehörige Software, z. B. Webbrowser, FTP- oder E-Mail-Clients, stellt die zur Kommunikation benötigten Protokolle zur Verfügung.

Beispiele für wichtige Protokolle der Anwendungsschicht sind:

- SMTP   Postausgang bei E-Mail
- POP3   Posteingang bei E-Mail
- IMAP   E-Mail-Zugriff (ohne Download der Mails)
- HTTP   WWW-Seiten
- FTP   Datenaustausch
- Telnet   Fernzugriff auf Computer

3.5.3 TCP/IP-Referenzmodell

Sowohl in lokalen Netzen als auch im Internet verwendet die große Mehrheit der Datennetze den TCP/IP-Protokollstapel. Aus diesem Grund wurde ein Referenzmodell entwickelt, das auf TCP/IP zugeschnitten ist und darüber hinaus eine deutliche Vereinfachung des OSI-Referenzmodells darstellt.

Schicht 1: Netzzugangsschicht

Die unterste Schicht des TCP/IP-Referenzmodells fasst die Schichten 1 und 2 des OSI-Modells zusammen. Sie sorgt für die physikalische Übertragung der binären Daten. Wie Sie wissen, ist das Ethernet mit CSMA/CD der Standard lokaler Netze.

Zur Datenfernübertragung kommt, wenn der Rechner nicht ständig mit dem Internet verbunden ist, das Point-to-Point Protocol (PPP) zum Einsatz. Dieses stellt, wie beim Telefonieren, eine Wählverbindung zwischen den beiden Rechnern her.

Schicht 2: Internetschicht

Die Internetschicht entspricht der Vermittlungsschicht (Schicht 3) im OSI-Modell. Ihre wesentliche Aufgabe besteht darin, die zu übertragenden Daten in kleinere Einheiten (Datagramme) zu zerlegen, diese Pakete zu adressieren (IP-Adresse) und sich um die Vermittlung des Weges zu kümmern, den die Datenpakete im Netz nehmen (Routing). Das Protokoll der Internetschicht heißt deshalb auch Internet Protocol (IP). Weitere Informationen zum Internet Protocol finden Sie auf Seite 86.

Schicht 3: Host-zu-Host-Transportschicht

Schicht 4 des OSI-Modells wird im TCP/IP-Modell als Host-zu-Host-Transportschicht bezeichnet. Unter einem Host (dt.: Gastgeber) wird allgemein ein Rechner mit Netzzugang verstanden.

Die Transportschicht stellt die Verbindung der kommunizierenden Hosts her und sorgt danach für einen sicheren Datentransport. Wichtigstes Protokoll in dieser Schicht ist TCP (siehe Seite 91).

Schicht 4: Anwendungsschicht

Im TCP/IP-Referenzmodell werden die drei oberen OSI-Schichten 5, 6 und 7 zu einer Anwendungsschicht zusammengefasst. Wie der Name sagt, finden sich hier die Protokolle, die für die Kommunikation mit uns Anwendern zuständig sind, z. B. HTTP oder SMTP.

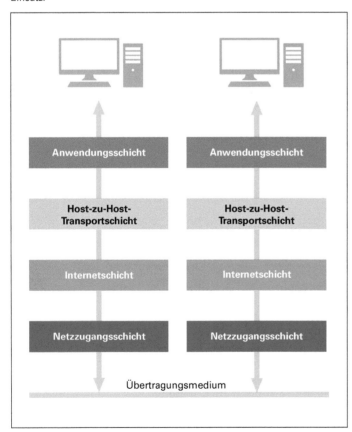

3.6 Hardware

3.6.1 Netzwerkadapter

Ein Netzwerkadapter ermöglicht die Verbindung eines Computers mit einem lokalen Netz (LAN) oder mit einem drahtlosen Netz (WLAN). Er erfüllt folgende zwei Funktionen:

- Netzzugang per Twisted-Pair-Kabel oder Lichtwellenleiter bei LAN oder drahtlos bei WLAN
- Netzzugriffsverfahren, also CSMA/CD (Ethernet) bei LAN oder CSMA/CA bei WLAN

Netzwerkadapter verbinden Netze damit in der *Netzzugangsschicht* des TCP/IP-Referenzmodells (siehe Grafik links).

LAN-Adapter

Da es sich bei lokalen Netzen heute ausschließlich um *Ethernet* handelt, werden kabelgebundene Adapter auch als *Ethernet-Adapter* bezeichnet.

Ein Ethernet-Adapter ist standardmäßig in Desktop-PCs und den meisten Laptops vorhanden – Sie erkennen dies am Vorhandensein der RJ45-Buchse.

Fehlt diese, z. B. bei den MacBooks von Apple, können Sie einen externen Adapter A verwenden, der über USB oder Thunderbolt an das Laptop angeschlossen wird.

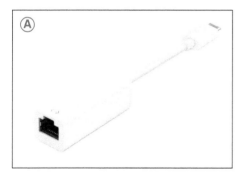

Beim Kauf eines Adpaters muss darauf geachtet werden, dass die Datenrate des Adapters mit der Datenrate des Ethernets übereinstimmt. Beispiel: Wenn Sie ein Gigabit-Ethernet haben, dann müssen Sie auch einen Gigabit-Adapter verwenden, um Ihren Rechner im Netzwerk nicht „auszubremsen".

Für Hochgeschwindigkeitsnetze gibt es 10-GBit- oder 40-GBit-Ethernet-Adapter, die überwiegend als *Backbone* (dt.: Rückgrat) zur Verbindung von Servern und Haupt-Switches zum Einsatz kommen.

WLAN-Adapter

Der Trend geht in Richtung kabelloses (engl.: wireless) Netzwerk. WLAN-Adapter sind heute in allen mobilen Endgeräten wie Laptops, Smartphones oder Tablets eingebaut.

Die Datenrate eines WLAN ist vom Standard abhängig (siehe Seite 73). In der Regel sind die Datenraten im WLAN deutlich geringer als im Ethernet, außerdem sind Funkverbindungen störanfälliger. Zur Kombination von LAN und WLAN ist, wie auf Seite 74 beschrieben, ein WLAN-Access-Point erforderlich.

Die Unabhängigkeit von einem festen Standort ist das zentrale Argument für den WLAN-Einsatz. Vor allem im öffentlichen Bereich wird hierdurch der Zugang ins Internet möglich. Zunehmend wird, z. B. in Zügen oder in Flugzeugen, dieser Service zur Verfügung gestellt.

MAC-Adresse

Wie bereits auf Seite 77 angesprochen, besitzt jeder Netzwerkadapter zur Identifikation eine weltweit einmalige Netzwerkadresse, auch MAC-Adresse (Media Access Control) genannt. Sie wird auch als Burnt-in-Adresse bezeichnet, weil sie in einen eigenen ROM-Speicher des Netzwerkcontrollers unveränderlich „eingebrannt" ist.

3.6.2 Switch

Switch

Ein Switch ist der Mittelpunkt bei sternförmiger Topologie.

Modell: Netgear, 24 10GBASE-T Ports

Wie Sie auf Seite 69 sehen, verbindet ein Switch (dt.: Schalter) die Computer bei sternförmiger Topologie und dient zusätzlich als Signalverstärker. Er wird auch als Sternverteiler bezeichnet.

Für die Verbindungen mit den einzelnen Computern oder sonstigen netzwerkfähigen Geräten besitzen Switches 8, 16, 24 oder mehr Ausgänge (Ports) mit RJ45-Buchsen (siehe Foto).

Ein Switch ist in der Lage, die eintreffenden Datenpakete (Ethernet-Frames) zu analysieren und eine Punkt-zu-Punkt-Verbindung zwischen Sender und Empfänger herzustellen. Auf diese Weise werden Datenkollisionen ausgeschlossen. Switches verbinden Netze ebenfalls in der *Netzzugangsschicht* des TCP/IP-Modells.

Heutige Switches sind zusätzlich in der Lage, Routing-Funktionen zu übernehmen, die Datenpakete also auf „intelligente" Weise weiterzuleiten. Sie arbeiten dann bereits in der *Internetschicht* des TCP/IP-Modells.

In größeren Netzen reicht ein Switch nicht aus, in diesem Fall müssen mehrere Switches miteinander verbunden werden. Früher waren hierfür spezielle (Uplink-)Kabel erforderlich. Neuere Switches können erkennen, ob Endgeräte oder ein anderer Switch angeschlossen wurde.

3.6.3 Router

In einem lokalen Netz ist der Router (route, dt.: Strecke) dafür zuständig, dass allen Rechnern des Netzes eine Verbindung ins Internet ermöglicht wird. Da nur der Router mit dem Internet verbunden ist, besitzt er eine Routing-Tabelle mit den IP-Adressen aller Arbeitsstationen und leitet die Daten entsprechend weiter. Handelt es sich um einen statischen Router, dann müssen diese manuell durch den Netzwerk-Administrator einprogrammiert werden. Da dies relativ umständlich ist, kommen bevorzugt dynamische Router zum Einsatz, die sich automatisch um die Verwaltung und (dynamische) Zuteilung der Netzadressen kümmern.

Bei einem Router handelt es sich entweder um ein eigenständiges Gerät oder man überlässt das Routing einem Server-Betriebssystem. Häufig integrieren Router eine Firewall zum Schutz des lokalen Netzes vor äußeren Angriffen.

Spezielle Formen wie ISDN- oder DSL-Router übernehmen zusätzlich die Anbindung an das Telefonnetz. Von einem WLAN-Router spricht man bei Geräten, die neben einem Anschluss für ein lokales Netz (LAN) über einen WLAN-Access-Point verfügen und somit das Routing auch für kabellos eingebundene Geräte übernehmen.

Auch im Internet selbst sind zahllose Router erforderlich: In einem Netzverbund mit mehreren Millionen Computern wäre eine effiziente Wegvermittlung sonst nicht möglich. Router sorgen dafür, dass in Abhängigkeit von der aktuellen Netzauslastung optimale Verbindungswege für die zu übertragenden Daten gefunden werden.

Im TCP/IP-Referenzmodell arbeiten Router damit in der *Internetschicht*.

3.6.4 Hardware im TCP/IP-Referenzmodell

Die Grafik zeigt die Einordnung der Netzwerkkomponenten in das TCP/IP-Referenzmodell.

Netzwerkadapter und *Switch* verbinden Computer in der *Netzzugangsschicht*. Dies bedeutet, eine physikalische Verbindung mittels Stecker und Kabel wird ermöglicht, das Zugriffsverfahren geregelt und – bei einem Switch – werden Datenkollisionen vermieden.

Netzwerkadapter bzw. Switches können Datenpakete ins Netz einspeisen oder weiterleiten. Allerdings „wissen" sie nicht, zu welchen größeren Einheiten die Datenpakete gehören, da hierfür die Internetschicht (genauer: das Internet Protocol) zuständig ist.

Ein *Router* arbeitet in der *Internetschicht* und verbindet damit zwei (Teil-) Netze logisch auf Ebene der Internetschicht. Hierzu analysiert er die (IP-) Adressen der ankommenden Datenpakete, vergleicht sie mit den Adressen, die er in seiner Routing-Tabelle abgelegt hat, und leitet die Daten entsprechend weiter. Er sorgt somit dafür, dass die IP-Datenpakete am richtigen Zielort ankommen. Den Router „interessiert" aber weder, welcher Art die Daten sind, noch, wie diese physikalisch übertragen werden.

Netzkomponenten und TCP/IP-Modell

Die horizontalen Pfeile zeigen die logische Verbindung der Netze durch die jeweiligen Komponenten.

3.7 Protokolle und Dienste

Wie bereits mehrfach erwähnt, sind Ethernet und TCP/IP zum Standard lokaler Netze geworden. Darüber hinaus ist TCP/IP für die Datenübertragung im Internet zuständig.

Grundkenntnisse über die Funktionsweise dieser Protokolle gehören deshalb zum „Basiswissen" Netzwerktechnik hinzu.

3.7.1 Internet Protocol (IP)

Es erscheint zunächst etwas verwirrend, dass jeder Rechner eines lokalen Netzwerks bzw. im Internet neben der MAC-Adresse (siehe Seite 77) eine zweite Adresse benötigt. Der Unterschied zwischen den Adressen ist folgender:

Eine MAC-Adresse ist dem Netzwerkcontroller fest und unveränderlich zugeordnet. Eine IP-Adresse hingegen ist nicht an einen Rechner gebunden. Sie kann ihm zeitweilig (dynamisch) zugeteilt werden und wird nach Beendigung der Netzwerksitzung wieder frei. Bestes Beispiel hierfür ist die Einwahl ins Internet über einen Internet-Provider. Weiterhin ermöglichen die IP-Adressen die Klassifizierung von Netzen und die Bildung von Subnetzen (siehe nächster Abschnitt).

IPv4 und IPv6
Unter macOS kann ein Netz wahlweise nach alter oder neuer IP-Version eingerichtet werden.

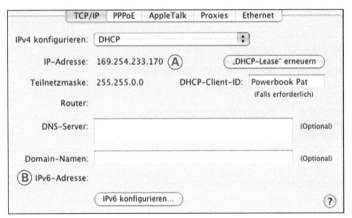

IPv4

Eine IPv4-Adresse („v4" steht für Version 4) besteht aus einer 32-Bit-Zahl, die sich in 4 x 8 Bit, also vier Byte, gliedert **A**.

Struktur einer IPv4-Adresse
xxx . xxx . xxx . xxx
mit xxx aus: 0, 1, ..., 255
Beispiel: 169.254.233.170 (dezimal)

In einem Byte lassen sich 256 Zahlen von 0 bis 255 speichern. Bei vier Byte ergeben sich somit 2^{32} oder 4,29 Milliarden unterschiedliche Adressen.

Trotz dieser scheinbar großen Zahl reichen die IPv4-Adressen schon lange nicht mehr aus. Dies liegt daran, dass durch die Bildung von Netzklassen große Adressbereiche reserviert sind.

Außerdem benötigt heute jeder Fernseher, jede Spielekonsole und v. a. die unzähligen mobilen Endgeräte (Smartphones, Tablet-PCs, Netbooks ...) eine eigene IP-Adresse. Unter dem Schlagwort „Internet der Dinge" werden zukünftig noch sehr viel mehr Geräte, z. B. Haushaltsgeräte, Autos oder Maschinen, mit dem Internet verbunden sein. Schon vor etlichen Jahren wurde aus diesen Gründen die Erweiterung der IP-Adressen vorgenommen.

IPv6

IPv6 (Version 6, Version 5 wurde verworfen) erweitert IPv4 um 96 auf 128 Bit. Mit dieser unvorstellbar großen Zahl (2^{128} = 3,4 · 10^{38} Adressen) ließe sich jedes Reiskorn dieser Erde mit einer IP-Adresse versehen. IPv6 besteht aus acht Blöcken mit je zwei Byte. Wie bei MAC-Adressen erfolgt die Schreibweise hexadezimal, für jeden Block werden vier Hexadezimalziffern benötigt:

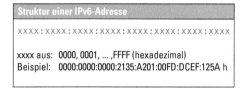

XXXX : XXXX : XXXX : XXXX : XXXX : XXXX : XXXX : XXXX

xxxx aus: 0000, 0001, ... ,FFFF (hexadezimal)
Beispiel: 0000:0000:0000:2135:A201:00FD:DCEF:125A h

Der Umstieg auf IPv6 erfolgt nach und nach. Er soll möglichst „sanft" geschehen, so dass übergangsweise eine gemischte Verwendung von IPv4- und IPv6-Adressen möglich ist **B**.

Wegen ihres einfacheren Aufbaus beschränken wir uns im Folgenden auf die Betrachtung von IPv4-Adressen.

Netz-ID und Host-ID
Das Internet ist ein riesiger Rechnerverbund mit vielen Millionen Rechnern. Um nicht nach der berühmten Nadel im Heuhaufen suchen zu müssen, ist es sinnvoll, die IP-Adresse in zwei Teilbereiche zu gliedern, einen Netz- und einen Host-Teil:

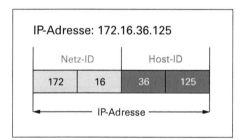

Die in der IP-Adresse grau markierte *Netz-ID* kennzeichnet das (Teil-)Netz, in dem sich der gesuchte Rechner befindet. Alle Rechner in diesem Teilnetz besitzen eine identische Netz-ID.

Die rot markierte *Host-ID* dient zur Identifikation des Rechners innerhalb des Teilnetzes. Sie können diese Gliederung mit Telefonnummern vergleichen, die aus einer Ortsvorwahl und einer Durchwahl bestehen.

Netzmaske (Subnetzmaske)
Nun ergibt sich ein Problem: Wie lässt sich anhand der IP-Adresse erkennen, welcher Teil die Netz-ID und welcher die Host-ID ist? Damit dies möglich wird, wird die IP-Adresse um eine sogenannte *Netzmaske*, oft auch als *Subnetzmaske* bezeichnet, ergänzt: Diese kennzeichnet die Netz-ID durch die binäre „1" und die Host-ID durch „0":

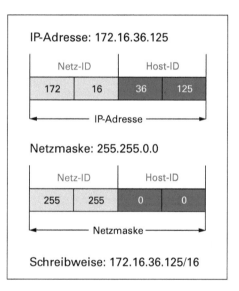

Die Zahl „255" ergibt sich, wenn in jedem der acht Bit eines Byte eine „1" steht. Insgesamt besitzt die Netz-ID also 16 „Einser", so dass sich die IP-Adresse in der Form 172.16.36.125/16 schreiben lässt.

Mit den verbleibenden 16 Bit der Host-ID lassen sich $2^{16} = 65.536$ Adressen bilden. Dabei sind zwei Adressen reserviert:

- 172.16.0.0 ist die IP-Adresse des Netzes und darf für keinen Rechner benutzt werden.
- 172.16.255.255 ist die sogenannte *Broadcast-Adresse*, die alle Rechner im Netz gleichzeitig adressiert.

87

Damit verbleiben 65.536 − 2 = 65.534 IP-Adressen für die einzelnen Computer. Sie werden zustimmen, dass dieser IP-Adressraum selbst für eine größere Firma genügen wird.

In kleinen Netzen ist es ausreichend, eine geringere Anzahl an Host-IDs zur Verfügung zu haben:

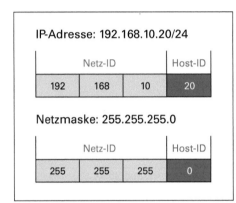

Von den 256 Adressen der Host-ID sind wieder die „0" und die „255" reserviert, so dass 256 − 2 = 254 Host-IDs zur Verfügung stehen.

CIDR

Vielleicht haben Sie davon gehört, dass die IP-Adressen in fünf Klassen von A bis E eingeteilt sind. Diese Klassen haben sich jedoch als zu unflexibel erwiesen und wurden durch CIDR (Classless Inter-Domain Routing) abgelöst.

Nach CDIR darf die IP-Adresse nicht nur byteweise, sondern bitweise in Netz- und Host-ID aufgeteilt werden. Im rechts oben aufgeführten Beispiel verbleiben für die Host-ID fünf Bit, so dass hiermit $2^5 − 2 = 32 − 2 = 30$ Rechner adressiert werden können:

- 192.168.121.224 (Netzwerk-ID)
- 192.168.121.225 (1. Host-ID)
- 192.168.121.254 (30. Host-ID)
- 192.168.121.255 (Broadcast-ID)

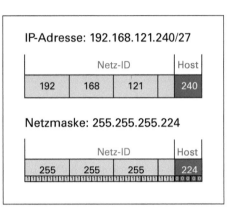

Das vierte Byte wird also teilweise (fünf Bit) für die Host-ID und teilweise (drei Bit) für die Netz-ID genutzt.

Um den Bereich der Host-ID zu vergrößern, können hierfür auch Teile des dritten Byte herangezogen werden:

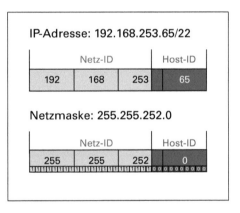

Die zehn Bit der Host-ID ergeben $2^{10} − 2 = 1.024 − 2 = 1.022$ IP-Adressen. Der Adressraum teilt sich folgendermaßen auf:

- 192.168.252.0 (Netzwerk-ID)
- 192.168.252.1 (1. Host-ID)
- 192.168.255.254 (1.022. Host-ID)
- 192.168.255.255 (Broadcast-ID)

Sie sehen, dass durch CIDR eine flexible Anpassung der IP-Adressen an die Erfordernisse des Netzes möglich wird.

Private IP-Adressen

Wie Sie wissen, muss eine IP-Adresse im Internet weltweit einmalig sein, da es sonst nicht möglich wäre, einen Rechner eindeutig zu identifizieren.

Für lokale Netze gilt obige Einschränkung nicht: Es spielt keine Rolle, ob in einer Firma X dieselben IP-Adressen wie in einer Firma Y verwendet werden, solange diese Adressen ausschließlich intern benutzt werden.

Damit es nicht zu Konflikten mit IP-Adressen kommen kann, die im Internet verwendet werden, wurden einige Adressbereiche als „privat" definiert und im Internet nicht eingesetzt. Je nach Größe Ihres Netzes können Sie sich eine IP-Adresse mit größerer oder kleinerer Host-ID aussuchen.

3.7.2 Dynamic Host Configuration Protocol (DHCP)

Private IP-Adressen		
CIDR-Notation	Adressbereich	Anzahl
192.168.0.0/16	192.168.0.0 – 192.168.255.255	2^{16} = 65.536
172.16.0.0/12	172.16.0.0 – 172.31.255.255	2^{20} = 1.048.576
10.0.0.0/8	10.0.0.0 – 10.255.255.255	2^{24} = 16.777.216

Bei großen Netzen wäre die manuelle Einrichtung und Einbindung der einzelnen Computer ins Netz eine aufwändige Angelegenheit. Bedenken Sie auch die hohe Fehleranfälligkeit: Verdreht der Administrator bei der Eingabe der IP-Adresse versehentlich zwei Zahlen, dann wird dieser Rechner im Netz nicht gefunden. Alle Netzwerk-Betriebssysteme stellen aus diesem Grund einen Dienst zur Verfügung, der die Zuteilung von IP-Adressen automatisiert: DHCP.

Die Adresszuweisung über DHCP funktioniert (vereinfacht) folgendermaßen:

- Einem DHCP-Server (genauer gesagt ist es ein Dienst, der auf dem Server läuft) wird ein Adressbereich aus der links dargestellten Tabelle zugewiesen.
- Wird ein neuer Client im Netzwerk gestartet, sendet er zunächst eine Aufforderung an alle Rechner (Broadcast), dass er eine IP-Adresse benötigt.
- Der DHCP-Server erkennt diese Nachricht, wählt aus seinem Adresspool eine freie IP-Adresse aus. Da er die richtige Zieladresse noch nicht kennt, sendet er die IP-Adresse an alle Stationen.
- Der Client übernimmt die ihm zugewiesene IP-Adresse und sendet eine Bestätigungsmeldung an alle. Hierdurch „weiß" der DHCP-Server, dass die Adressierung abgeschlossen ist.

DHCP ist also eine sehr praktische Sache. Problematisch wird es, wenn in einem Netzwerk mehrere DHCP-Server aktiv sind, die sich gegenseitig „ins Handwerk pfuschen".

3.7.3 Network Address Translation (NAT)

Nun muss noch geklärt werden, wie ein Computer eines lokalen Netzes, der ja eine private IP-Adresse besitzt, dennoch auf das Internet zugreifen kann.

Eine relativ einfache Möglichkeit besteht darin, dass sich der Router um den Austausch der IP-Adressen kümmert. Der Vorgang wird als NAT (Network Address Translation) bezeichnet. Der Ablauf erfolgt folgendermaßen:

- Fragt ein Computer nach einer IP-Adresse, die sich nicht im LAN befindet, wird diese an den Router weitergereicht.

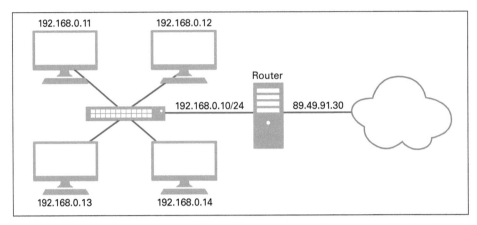

- Der Router besitzt eine zweite, nach außen sichtbare IP-Adresse (in der Grafik 89.49.91.30). Er tauscht die IP-Adresse des Clients gegen diese externe IP-Adresse aus und leitet die Anfrage ins Internet weiter.
- Nach Eintreffen der Antwort aus dem Internet ersetzt der Router seine öffentlich sichtbare IP-Adresse wieder durch die IP-Adresse des Clients und leitet die Daten ins LAN weiter.
- Der Client bemerkt diesen Austausch nicht und meint, dass er selbst mit dem Internet verbunden ist.

Ausblick: Mit IPv6 kann auf NAT verzichtet werden, weil dann jedem Rechner eine weltweit einmalige nach außen sichtbare IP-Adresse zugewiesen werden kann.

3.7.4 Proxy-Server

Eine komfortablere Variante als NAT ist die Verwendung eines Proxy-Servers (dt.: Stellvertreter). Im Unterschied zu NAT ermöglicht ein Proxy nicht nur die Weiterleitung von Anfragen vom lokalen Netz ins Internet und zurück, sondern analysiert den Datenstrom und legt die Daten in einem Zwischenspeicher (Cache) ab.

Durch die Datenanalyse lassen sich Angriffe aus dem Internet abwehren oder bestimmte Inhalte ausfiltern. Proxy-Server sind deshalb häufig Bestandteil von Firewall-Konzepten.

Das Zwischenspeichern bringt den Vorteil, dass mehrfach angefragte Webseiten aus dem Cache geholt werden können, wodurch die Zugriffsgeschwindigkeit deutlich erhöht wird.

3.7.5 Address Resolution Protocol (ARP)

Sie erinnern sich, dass zur eindeutigen Identifikation eines im Netz befindlichen Gerätes dessen MAC-Adresse dient. Ein Switch legt sich eine Tabelle aller MAC-Adressen an, so dass die Computer (theoretisch) auf diese Weise kommunizieren könnten. Was geschieht jedoch, wenn die Datenpakete über das Internet kommen?

- Das Datenpaket besitzt als Zieladresse die IP-Adresse des Routers, da nur diese von außen sichtbar ist.
- Der Router tauscht seine eigene IP-Adresse per NAT durch die IP-Adresse des Clients aus, der die Anfrage ins Internet gestellt hatte.
- Der Router muss nun mit ARP die

MAC-Adresse des Zielcomputers ermitteln. Er sendet hierzu eine Anfrage
an alle Computer: Wem gehört die
IP-Adresse XYZ?

- Der Computer mit dieser IP-Adresse
  meldet sich beim Router und teilt ihm
  seine MAC-Adresse mit.
- Der Router versieht die Daten nun
  mit dieser Adresse und speist sie ins
  lokale Netz ein.
- Da der Switch die MAC-Adressen
  aller Clients kennt, kann er das Paket
  dem richtigen Client „zustellen".

3.7.6 Transmission Control Protocol (TCP)

Bisher haben wir kennengelernt, wie
Daten in Pakete (Ethernet-Frames)
gepackt und mit der MAC-Adresse des
Empfängers versehen werden. Damit
Daten über das Netzwerk hinaus ins
Internet gesendet werden können, er-
halten sie zusätzlich eine IP-Adresse.

Nun wäre es leichtsinnig, diese
Datenpakete einfach „auf die Reise" zu
schicken. Wer könnte Ihnen garantieren,
dass die Daten auch tatsächlich ihr Ziel
erreichen? Wer würde dafür sorgen,
dass sie im Fehlerfall erneut gesendet
werden? An dieser Stelle kommt mit
TCP ein *verbindungsorientiertes* und
zuverlässiges Protokoll ins Spiel.

Verbindungsaufbau
Bevor Daten übertragen werden, stellt
TCP eine Punkt-zu-Punkt-Verbindung
zwischen Sender und Empfänger her.
Hierzu benötigt es

- die IP-Adresse des Senders und des
  Empfängers sowie
- eine „Zugangstür" zum Zielcom-
  puter, den sogenannten Port (dt.:
  Anschluss).

Ein Port ist eine 16-Bit-Zahl, mit der sich
also 2^{16} = 65.536 unterschiedliche Zah-

len speichern lassen. Port 0 bis 1.023
sind standardisiert und werden deshalb
als *Well Known Ports* bezeichnet. Beispiele hierfür sind:

- Port 21: Datenübertragung (FTP)
- Port 25: E-Mail-Versand (SMTP)
- Port 80: Webseiten (HTTP)
- Port 443: Verschlüsselte Über-
  tragung (HTTPS)

Ports von 1.024 bis 49.151 müssen wie
Domain-Namen registriert werden
und Ports ab 49.152 sind zur privaten
Nutzung frei. Die Angabe der Portnummer erfolgt, durch einen Doppelpunkt
getrennt, nach der IP-Adresse, z. B.:

- 192.168.0.25:49260 (privat)
- 89.49.91.30:80 (HTTP)

Sie wissen sicherlich, dass offene Ports
eine große Gefahrenquelle darstellen, da durch diese „Tür" Schädlinge
eindringen können. Eine wesentliche
Aufgabe von Firewalls ist es deshalb,
Ports möglichst geschlossen zu halten.

Zuverlässige Übertragung
Steht die Verbindung zwischen Sender
und Empfänger, werden die Daten in
kleinen Einheiten (Datensegmenten)
übertragen. Zur Kontrolle sendet der
Empfänger eine Bestätigung, wenn ein
neues Datensegment eingetroffen ist.
So wird festgestellt, ob Daten während
der Übertragung verloren gehen.

Zur Fehlerkontrolle bildet der Sender
eine Prüfsumme, die er zusammen
mit dem Datensegment verschickt. Der
Empfänger ermittelt anhand der Prüfsumme, ob die eingetroffenen Daten
auch fehlerfrei sind. Andernfalls fordert
er sie erneut an.

Verbindungsabbau
Nachdem alle Datensegmente übertragen sind, erfolgt ein geregelter Abbau
der Verbindung – die Aufgabe von TCP
ist damit beendet.

3.7.7 Hypertext Transfer Protocol (HTTP)

Wegen seiner großen Bedeutung im Internet und Intranet wollen wir Ihnen abschließend mit HTTP ein zentrales Protokoll der obersten Schicht des OSI- und TCP/IP-Referenzmodells vorstellen.

Diese höheren Protokolle kümmern sich ausschließlich um die Kommunikation auf Anwendungsebene, also z. B. zwischen Webbrowser und Webserver. Wie die Daten dann tatsächlich übertragen werden, interessiert diese Protokolle nicht.

HTTP-Request

Wenn Sie eine Internetadresse in die Adresszeile Ihres Browsers eintippen, dann wird ein Request (dt.: Anfrage) ins Internet gesandt:

HTTP-Request (Beispiel)
GET /HTTP/1.1 Host: www.springer.de

Hinter dem Domain-Namen (www. springer.de) verbirgt sich tatsächlich eine IP-Adresse. Spezielle Server (Domain Name Server) im Internet sorgen dafür, dass der Klartext durch die zugehörige IP-Adresse ausgetauscht wird. Die Portnummer von HTTP ist beispielsweise 80. Mit IP-Adresse und Portnummer ausgestattet sorgen TCP und IP für die Übertragung der Anfrage – HTTP hat nichts damit zu tun.

HTTP-Response

Nachdem der Request den Zielrechner erreicht hat, wird das HTTP-Protokoll auf diesem Server aktiv und sucht nach der Startseite, die standardmäßig den Namen index.htm oder index.html besitzt. Zwei Fälle sind denkbar:

- Fall 1: Ist die gesuchte Datei vorhanden, liefert HTTP die unten dargestellte Antwort (engl.: response) und der Webbrowser zeigt alles an, was sich im Content-Bereich befindet.
- Fall 2: Ist die Datei ist nicht vorhanden, gibt HTTP die Fehlermeldung 404: Not found zurück.

HTTP-Response (Beispiel)
HTTP Status Code: HTTP/1.1 200 OK Date: Son, 6 May 2018 13:15:13 GMT Server: Apache/2.0.54 Last-Modified: Son, 15 Oct 2017 19:13:03 GMT Content-Length: 1117 Connection: close Content-Type: text/html Content: <html>   ... Inhalt von index.html ...   </html>

3.7.8 Protokolle im TCP/IP-Referenzmodell

Nachdem Sie die wichtigsten Protokolle des TCP/IP-Protokollstapels kennengelernt haben, ordnen wir diese abschließend dem Referenzmodell zu.

Jedes Protokoll hat für sich betrachtet eine genau definierte Funktion und verbindet das Netzwerk logisch (horizontal) in seiner jeweiligen Schicht.

Physikalisch erfolgt die Datenübertragung stets in vertikaler Richtung

HTTP-Request bzw. -Response	
TCP-Header	
Ziel-Port	Quell-Port
IP-Header	
Ziel-IP	Quell-IP
Ethernet-Frame	
Ziel-MAC	Quell-MAC

TCP/IP-Protokollstapel

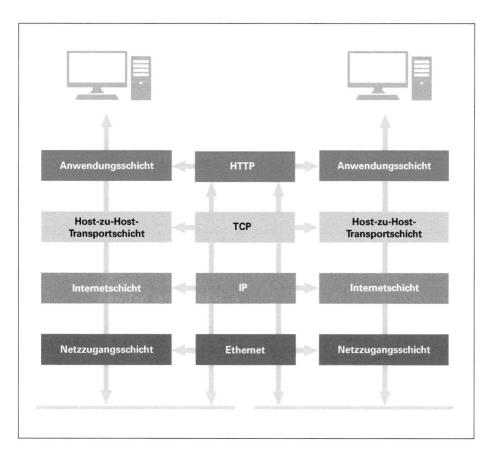

**Protokolle im TCP/
IP-Modell**

Die Protokolle stellen
eine logischer Verbin-
dung der Schichten
her (horizontale
Pfeile).
   Die tatsächliche
Datenübertragung
erfolgt immer vertikal
von oben nach unten
bzw. von unten nach
oben.

von oben nach unten und umgekehrt.
Dabei werden an die Nutzdaten die
Informationen des jeweiligen Protokolls
angehängt:

- Im Ethernet-Frame die MAC-Adressen
  der sendenden und empfangenden
  Station (siehe Seite 77),
- in der Internetschicht die IP-Adressen
  der beiden Geräte,
- in der Transportschicht die beiden
  Portnummern und
- in der Anwendungsschicht z. B. ein
  HTTP-Request bzw. -Response.

Sie erkennen, dass abgesehen von den
eigentlichen Nutzdaten zahlreiche weitere Informationen übertragen werden
müssen, damit die Nutzdaten zuver-

lässig von der sendenden zur empfangenden Station gelangen. Am Ziel
angekommen wird der Protokollstapel
erneut (von unten nach oben) durchlau-
fen und die angehängten Informationen
werden wieder entfernt.

   Wir alle nutzen das Internet ganz
selbstverständlich Tag für Tag. Nun haben Sie einen Eindruck davon, welcher
Aufwand betrieben wird, damit dies
reibungslos und weitgehend störungs-
frei funktioniert.

3.8 Aufgaben

1 Vorteile von Netzwerken kennen

Zählen Sie vier Vorteile auf, die sich
durch die Vernetzung von Computern
ergeben.

1.

2.

3.

4.

2 Netzwerktopologien vergleichen

Zählen Sie vier Vorteile der Stern-Topologie im Vergleich zur Bus- und Ring-
Topologie auf.

1.

2.

3.

4.

3 Bezeichnung von Netzwerken kennen

Geben Sie die Kurzbezeichnung der
genannten Netzwerke an.
a. Lokales Netzwerk

b. Privates Netzwerk über größere
Entfernungen

c. Weltweites Netzwerk

d. Kabelloses Netzwerk

e. Städteweites Netzwerk

4 Netzwerkkomponenten wählen

Welche Netzwerkkomponente benötigen Sie, um
a. ein Sternnetz zu realisieren,

b. die Anbindung ins Internet zu ermöglichen,

c. ein Laptop kabellos ins Netz zu integrieren,

d. ein Laptop ohne Netzwerkkarte in ein
bestehendes Netz zu integrieren?

5 Netzwerkkabel kennen

Auf einem Patchkabel finden Sie die
Bezeichnung „S/FTP CAT 7".

Erklären Sie die Bedeutung der Abkürzungen:

a. S

___

___

b. F

___

___

c. TP

___

___

d. CAT 7

___

___

6 Netzzugriffsverfahren kennen

Im Ethernet kommt das Zugriffsverfahren CSMA/CD zum Einsatz. Bringen Sie die Aussagen in die richtige Reihenfolge, indem Sie in den Kästchen die Ziffern 1 bis 8 eintragen.

☐ Empfangen Rechner ein Störsignal, dürfen sie eine zeitlang nicht senden.

☐ Ist das Netz frei, darf ein Rechner Daten senden.

☐ Der Vorgang wiederholt sich, bis alle Rechner kollisionsfrei senden und empfangen konnten.

☐ Wenn zwei Rechner gleichzeitig senden, kommt es zur Kollision.

☐ Erkennt ein Rechner eine Kollision, sendet er ein Störsignal aus.

☐ Nach Ablauf einer Zufallszeit dürfen die Rechner erneut senden.

☐ Alle Rechner „hören" das Netz permanent ab.

☐ Kommt es wieder zu einer Kollision, müssen die Rechner erneut warten.

7 Netzwerk planen

Die Grafik zeigt den Grundriss eines Gebäudes, in dem zwei PC-Schulungsräume eingerichtet werden sollen.

a. Zeichnen Sie die Vernetzung ein.

b. Begründen Sie Ihre Lösung.

9 IP- und MAC-Adressen unterscheiden

Erklären Sie den Unterschied zwischen IP- und MAC-Adresse.

8 IP-Adressen kennen

a. Geben Sie die allgemeine Struktur einer IPv4-Adresse an.

b. Wie viele Adressen sind (theoretisch) möglich?

c. Erläutern Sie, weshalb die Adressen knapp werden.

10 Referenzmodelle kennen

a. Begründen Sie die Notwendigkeit von Referenzmodellen.

b. Erklären Sie den Begriff „Protokoll".

☐ Ethernet

☐ TCP

12 Netzwerkadressierung verstehen

a. Erklären Sie die Aufteilung von IP-Adressen in Netz- und Host-ID.

c. Nennen Sie zwei Referenzmodelle und geben Sie jeweils die Zahl der Schichten (Layer) an.

1.

2.

11 TCP/IP-Referenzmodell kennen

Die vier Schichten des TCP/-IP-Modells lauten:
- Schicht 1: Netzzugangsschicht
- Schicht 2: Internetschicht
- Schicht 3: Host-zu-Host-Transport
-            schicht
- Schicht 4: Anwendungsschicht

a. Tragen Sie die Ziffer der Schicht ein, der die Netzwerkkomponente zugeordnet ist.

☐ Switch

☐ Router

☐ Netzwerkadapter

b. Tragen Sie die Ziffer der Schicht ein, der das Protokoll zugeordnet ist.

☐ HTTP

☐ IP

b. Welche Funktion besitzt eine Subnetzmaske?

c. Notieren Sie die Subnetzmaske eines Netzes mit der IP-Adresse:
192.168.100.0 / 20

binär:

dezimal:

13 Netzwerkadressierung verstehen

Gegeben ist ein Netzwerk mit folgender IP-Adresse:
`192.168.178.248/29`

a. Geben Sie die Subnetzmaske an.

binär:

dezimal:

b. Wie viele Rechner lassen sich in diesem Netzwerk adressieren?

c. Geben Sie deren IP-Adressen an.

d. Geben Sie die Broadcast-Adresse an.

14 Netzwerkdienste/-protokolle kennen

Erklären Sie in einem Satz die Funktion von:

a. DHCP

b. NAT

c. ARP

d. Proxy

4.1 Lösungen

4.1.1 Hardware

1 Mit Datenmengen rechnen

```
2,5GB·1.024 = 2.560MB
2.560 / 5 = 512 MP3s
```

2 Übertragungszeit berechnen

Hinweis: Da bei Datenmenge mit K = 1.024 und bei Datenragen mit k = 1.000 gerechnet wird, empfiehlt es sich, die Datenmenge in Bit umzurechen.

```
Datenmenge in Bit:
2,5MB·1.024 = 2.560KB
2.560KB·1.024 = 2.621.440B
2.621.440B·8 = 20.971.520Bit

Datenrate in Bit/s:
250kBit/s = 250.000Bit/s

20.971.520Bit / 250.000Bit/s
= 83,8s oder 1 min 24s
```

3 Hardwarekomponenten zuordnen

a. Ein-/Ausgabegerät:
Tastatur, Drucker, Digitalkamera, Scanner
b. Komponente des Mikrocomputers:
Mikroprozessor, RAM, USB, PCIe, Cache
c. Externer Speicher:
Festplatte, DVD, Blu-ray-Disc

4 Funktion des Mikroprozessors erklären

a. Cache:
Schneller Zwischenspeicher zwischen RAM und Prozessorkern
b. Bus:
(z. B. 64) parallele Verbindungsleitungen des Mikroprozessors
c. Core:

Prozessorkern zur Verarbeitung der Befehle im Rechenwerk (ALU)

5 Speicherhierarchie verstehen

a. F – B – E – A – D – C
b. B – E – F – A – D – C
c. B – E – F
d. A – C – D – E

6 Komponenten des Mainboards kennen

- Slots: Steckplätze für Speicher oder externe Karten
- Chipsatz: Steuerung des Datenflusses
- Schnittstellen: Anschlüsse für externe Geräte
- Bussystem: Verbindungsleitungen zwischen den Komponenten
- CPU-Sockel: Steckplatz für Mikroprozessor

7 Leistungsdaten eines Mikroprozessors benennen

- Takt(frequenz) in GHz
- Anzahl an Kernen (keine Einheit)
- Größe des Cache in MB
- Busbreite in Bit
- TDP (Thermal Design Power) in W

8 Grafik-Schnittstellen kennen

A VGA
B DVI(-D)
C DisplayPort
D HDMI
E Thunderbolt

9 Speicherverfahren unterscheiden

a. *Magnetische Speicher:*
große Datenmengen, geringe Kosten/MB

© Springer-Verlag GmbH Deutschland 2018
P. Bühler, P. Schlaich, D. Sinner, *Informationstechnik*, Bibliothek der Mediengestaltung, https://doi.org/10.1007/978-3-662-54732-8

Optische Speicher:
unempfindlich gegenüber Störeinflüssen (Magnet, Wärme), geringe
Kosten/MB
Elektronische Speicher:
schneller Zugriff, lautlos, geringer
Strombedarf, unempfindlich gegenüber Störeinflüssen, kompakte
Bauform
b. Elektronische Speicher werden immer kostengünstiger. Ihre weiteren
Vorteile sind oben aufgeführt.

10 DVD-Video und BD vergleichen

Gemeinsamkeiten:
- optische Speichermedien
- Scheiben
- 12 cm Durchmesser
- bis ca. 2 h Video
Unterschiede:
- höhere Auflösung bei BD
- größere Datenmenge bei BD
- höhere Datenrate bei BD

11 Funktionsprinzip von Flachbild-schirmen beschreiben

Organische Materialien (Flüssigkristalle)
verändern durch Anlegen eines elektrischen Feldes ihre Lage und werden
lichtdurchlässig. Farbfilter erzeugen die
Grundfarben Rot, Grün und Blau.

12 Monitorgröße berechnen

```
1" entspricht 2,54 cm
65" entsprechen 65·2,54 cm
≈ 165 cm
```

13 Kennwerte eines Monitors auf-zählen

- Technologie (TFT, OLED)
- Bildschirmdiagonale
- Seitenverhältnis
- Auflösung
- Kontrast
- Helligkeit
- Leistung

14 RAID-System zur Datensicherung kennen

a. RAID Level 0: Aufteilung der Daten
auf mehrere Platten
b. RAID Level 1: Spiegelung der Daten
auf mehrere Platten
c. RAID Level 5: Aufteilung der Daten
auf mehrere Platten, kein Datenverlust bei Ausfall einer Platte

15 Funktion des Grafikprozessors kennen

a. Ein Grafikprozessor (GPU) berechnet
die Bilddaten zur Ausgabe auf dem
Monitor/Display.
b. Die Integration spart v. a. Platz, sorgt
aber auch für geringeren Energieverbrauch und erhöht damit die Akkulaufzeit.

16 Druckertypen unterscheiden

Tintenstrahldrucker:
- preisgünstig
- sehr gute Farbwiedergabe
- sehr hohe Auflösung (Qualität)
- Fotopapier verwendbar

17 Tastenkombinationen kennen

- Strg + A bzw. cmd + A
- Strg + X bzw. cmd + X
- Strg + C bzw. cmd + C
- Strg + V bzw. cmd + V
- Strg + S bzw. cmd + S
- Strg + P bzw. cmd + P

4.1.2 Software

1 Software im Medienworkflow kennen

a. Photoshop, GIMP
b. InDesign, Scribus
c. Illustrator, Inkscape
d. InDesign, Word

2 Zweck eines Betriebssystems nennen

a. Das Betriebssystem schafft eine Verbindung zwischen Hardware und Anwendersoftware.
b. Microsoft: Windows 10
Apple: macOS

3 Aufgaben eines Betriebssystems nennen

a. – Prozessverwaltung
– Speicherverwaltung
– Dateiverwaltung
– Benutzerverwaltung
– Ein- und Ausgabesteuerung
b. Eine grafische Benutzeroberfläche ermöglicht dem Nutzer einen komfortablen Zugriff auf die Daten und die Programme des Computers.
c. – Papierkorb: Dateien löschen
– Ordner: Dateien sammeln
– Lupe: Dateien suchen
– Blatt: Datei
– Schloss: Datenschutz, Verschlüsselung

4 Prinzip der Dateiverwaltung beschreiben

a. Die Strukturierung der Daten erfolgt durch eine immer feinere Verästelung wie bei einem Baum.
b. Root ist das oberste (Wurzel-)Element der hierarchischen Struktur.

c. Windows:
```
C:\Benutzer\Corinna\Musik\
Metallica\Nothing_Else_Mat-
ter.mp3
```
Apple:
```
/Benutzer/Corinna/Musik/
Metallica/Nothing_Else_Mat-
ter.mp3
```

5 Zugriffsrechte kennen

a. – Systemdateien löschen
– Programme installieren/löschen
– Benutzer anlegen/löschen
– Ordner freigeben/sperren
b. Das Löschen oder Ändern von systemrelevanten Dateien ist dann nicht möglich. Schadsoftware erhält keinen Vollzugriff auf den Computer.

6 Prinzip der Prozessverwaltung verstehen

a. Aufgaben (engl.: Tasks), die aktuell in Bearbeitung sind, z. B. Anwendungsprogramme
b. Die Programme werden nach Wichtigkeit sortiert (Prioritätenliste). Je wichtiger ein Programm, umso mehr Bearbeitungszeit erhält es.

7 Mit Datenmengen rechnen

a. $220 \cdot 4{,}2$ GB $= 924$ GB
924 GB / 1.024 $= 0{,}90$ TB
b. 924 GB + 50 GB + 200 GB $=$ 1.174 GB
1.174 GB / 1.024 $= 1{,}15$ TB
Es muss eine 2-TB-Platte sein.

8 Betriebssysteme kennen

a. Desktop-Geräte: Windows 7, Windows 10, Windows 8 (Stand: 2018)
b. Mobile Endgeräte: Android, iOS (Stand: 2018)

9 Mobile Betriebssysteme und Desktop-Betriebssysteme unterscheiden

- Bedienung über Touchscreen mit Finger oder Sprachsteuerung
- Hohe Energieeffizienz für eine möglichst lange Akkulaufzeit
- Mehrbenutzersystem ist (zumindest bei Smartphones) nicht so wichtig
- Deutlich weniger Speicherplatz, da keine Festplatte
- Schnelles Booten bzw. Reaktivieren aus dem Ruhestand notwendig, da häufiges Ein- und Ausschalten
- Kleine Abmessungen der Gerätedisplays erfordern eine übersichtliche und gut strukturierte grafische Oberfläche.

10 Anrdoid und iOS vergleichen

a. Android
   Vorteile: sehr großes Angebot an Hardware und an Apps
   Nachteile: Schadsoftware kann sich in offenen Systemen leichter verbreiten; es gibt viele unterschiedliche Android-Versionen
b. iOS
   Vorteile: sehr gute Abstimmung/Anpassung des Betriebssystems an die Hardware (iDevices) möglich; strenge Prüfung der Apps vor Zulassung
   Nachteile: Abhängigkeit von einer Firma; relativ kostspielige Hardware
c. Eigene Meinung, daher keine Musterlösung
d. Keine Musterlösung

4.1.3 Netzwerke

1 Vorteile von Netzwerken kennen

- Gemeinsamer Zugriff auf Peripheriegeräte z. B. auf Drucker
- Gemeinsamer Zugriff auf Dateien
- Gemeinsamer Zugriff auf Programme – die Installation muss nur auf einem Rechner erfolgen
- Kommunikation untereinander z. B. via E-Mail
- Zentraler Internetzugang
- Gute Möglichkeiten der Datensicherung z. B. über ein RAID-System

2 Netzwerktopologien vergleichen

- Flexible Netzstruktur, da neue Rechner per Stecker integriert werden.
- Gute Erweiterungsmöglichkeiten durch Hinzufügen eines weiteren Switches
- Kollisionsfreies Netz durch Switch
- Kostengünstiges Netz
- Hoher Datentransfer durch 1-GBit- und 10-GBit-Technik
- Ausbau zur Baum-Topologie möglich

3 Bezeichnung von Netzwerken kennen

a. LAN (Intranet)
b. VPN
c. GAN (Internet)
d. WLAN
e. MAN

4 Netzwerkkomponenten wählen

a. Switch
b. Router
c. WLAN-Access-Point
d. LAN-Adapter

5 Netzwerkkabel kennen

a. S (shielded): Alle Adern sind von einem Drahtgeflecht umgeben.
b. F (foiled): Jede Ader ist von einer Folie umgeben.
c. TP (twisted pair): Adern sind paarweise gegeneinander verdrillt.

d. CAT 7: Kabelkategorie (Qualität) 7, die in Netzwerken bis zu 10 GBit eingesetzt werden kann.

6 Netzzugriffsverfahren kennen

5 – 2 – 8 – 3 – 4 – 6 – 1 – 7

7 Netzwerk planen

a. Lösungsvorschlag:

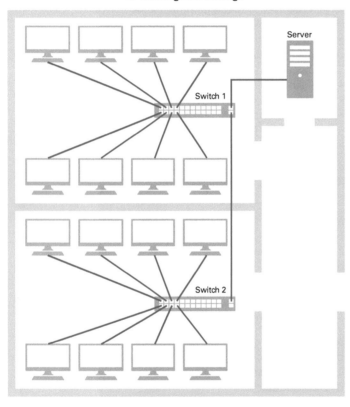

b. Begründung
   ▪ Die Integration der Rechner innerhalb eines Raumes erfolgt mit Hilfe von Switches. Das Hinzufügen oder Entfernen von Rechnern ist möglich.
   ▪ Für jeden Raum ist ein separater Switch vorzusehen. Dies hat den

Vorteil, dass ein Raum auch genutzt werden kann, falls ein Switch ausfällt. Außerdem wird hierdurch der Verkabelungsaufwand geringer. (Alternativ könnten sich die Switches auch im Serverraum befinden. Der Verkabelungsaufwand ist dann allerdings höher.)
   ▪ Für die Verbindung der Switches zum Server sollte eine schnelle Leitung (z. B. 10 GBit) als Backbone genutzt werden, da hier der größte Datentransfer zu erwarten ist.

8 IP-Adressen kennen

a. Eine IPv4-Adresse besteht aus $4 \cdot 8$ Bit. Dezimale Schreibweise: xxx.xxx.xxx.xxx (mit x aus: 0...9)
b. $4 \cdot 8$ Bit = 32 Bit
   2^{32} = 4,29 Mrd. Adressen
c. Große Adressbereiche sind reserviert oder bereits vergeben. Außerdem steigt der Bedarf an IP-Adressen ständig an, weil immer mehr Geräte am Internet partizipieren, z. B. Laptops, Smartphones, Fernseher.

9 IP- und MAC-Adresen unterscheiden

MAC-Adressen sind hardwaremäßig festgelegt und damit unveränderlich. IP-Adressen können dynamisch zugeteilt werden, z. B. wenn Sie sich mit einem Computer am Netz anmelden. Nach Abschalten des Computers wird die IP-Adresse wieder frei. Auf diese Weise wird die Administration von Netzen wesentlich flexibler.

10 Referenzmodelle kennen

a. Durch Referenzmodelle lassen sich komplexe Zusammenhänge in überschaubare Einheiten (Schichten) zerlegen. Für alle Schichten lassen sich Regeln (Protokolle) definieren, nach denen die Informationen zu verarbeiten sind. Die Kenntnis des Gesamtsystems ist nicht erforderlich.

b. Ein Protokoll ist ein Regelwerk, das festlegt, wie die Daten innerhalb einer Schicht verändert und wie sie an die nächste Schicht weitergegeben werden.

c. OSI-Referenzmodell: 7 Schichten
   TCP/IP-Referenzmodell: 4 Schichten

11 TCP/IP-Referenzmodell kennen

a. 1 – 2 – 1
b. 4 – 2 – 1 – 3

12 Netzwerkadressierung verstehen

a. Die Netz-ID kennzeichnet das Netzwerk, die Host-ID dient zur Identifikation des einzelnen Rechners in diesem Netz.

b. Die Subnetzmaske ermöglicht das Erkennen des Netz- und Host-Teils einer IP-Adresse.

c. Die Zahl 20 nach der IP-Adresse gibt die Anzahl an „Einsen" der Subnetzmaske an:
   binär:
   `11111111.11111111.11110000.`
   `00000000`
   dezimal:
   `255.255.240.0`

13 Netzwerkadressierung verstehen

a. Subnetzmaske:
   binär:
   `111111111.11111111.11111111.`
   `11111000`
   dezimal:
   `255.255.255.248`
b. $2^3 – 2 = 8 – 2 = 6$
c. IP 1: `192.168.178.249`

IP 2: `192.168.178.250`
IP 3: `192.168.178.251`
IP 4: `192.168.178.252`
IP 5: `192.168.178.253`
IP 6: `192.168.178.254`
d. `192.168.178.255`

14 Netzwerkdienste/-protokolle kennen

a. Flexible (dynamische) Zuweisung von IP-Adressen

b. Umsetzung der nach außen sichtbaren IP-Adresse des Routers in die IP-Adresse des lokalen Netzes

c. Umsetzung von IP- in MAC-Adressen

d. Kontrolle des Datenverkehrs zwischen lokalem Netz und Internet

4.2 Links und Literatur

Links

Hardware (Auswahl)

www.acer.de
www.apple.de
www.asus.de
www.dell.de
www.hp.de
www.ibm.de
www.lenovo.de
www.medion.de
www.toshiba.de

Software (Auswahl)

www.adobe.de
www.apple.de
www.libreoffice.org
inkscape.org/de
www.gimp.org
www.microsoft.de
www.openoffice.org/de/
www.scribus.net

Literatur

Harald Zisler
Computer-Netzwerke
Rheinwerk Computing 2016
ISBN 978-3836243223

Joachim Böhringer et al.
Kompendium der Mediengestaltung
II. Medientechnik
Springer Vieweg 2014
ISBN 978-3642545849

4.3 Abbildungen

S2, 1: Von Clemens Pfeiffer – CANON PowerShot G7, CC BY 2.5, https://commons.wikimedia.org/w/index.php?curid=1441423 (Zugriff: 25.02.2017)
S3, 1: Autoren
S5, 2: http://www.apple.com/de/pr/products/imac-with-retina-display/iMac-with-Retina-5K-display.html#agreement (Zugriff: 27.02.2017)
S6, 1: Autoren
S7, 1: www.intel.de/content/www/de/de/motherboards/desktop-motherboards/desktop-board-dh77eb.html (Zugriff: 14.10.2014)
S7, 2: PCIe-Logo gemeinfrei
S8, 1a: USB-Logo gemeinfrei
S8, 1b: Autoren
S10, 1: CC0, https://de.wikipedia.org/wiki/Apple_A10_Fusion#/media/File:Apple_A10_Fusion_APL1W24.jpg (Zugriff: 26.02.2017)
S11, 1: Autoren
S12, 1: CC0, commons.wikimedia.org/wiki/File:AMD_Phenom_die.png (Zugriff: 25.03.2017)
S14, 1: Autoren
S15, 1: Autoren
S15, 2: HP
S17, 1: Autoren
S18, 1: CC0, https://de.wikipedia.org/wiki/Festplattenlaufwerk#/media/File:Seagate-ST4702N-03.jpg (Zugriff: 01.03.2017)
S19, 1: Autoren
S20, 1a: Autoren
S20, 1b: CD-Logo CC0
S21, 1: CC0, https://commons.wikimedia.org/wiki/File:Panasonic-sl-sv553j.jpg (Zugriff: 10.04.2017)
S21, 2: DVD-Logo CC0
S22, 1: Autoren
S23, 1: BD-Logo CC0
S23, 2: Autoren
S25, 1: Autoren
S25, 2: Kingston
S26, 1: Autoren
S26, 2: ownCloud-Logo CC0
S27, 1: CC0, https://pixabay.com/de/pacman-pac-man-punkte-spiel-gelb-151558/ (Zugriff: 18.04.2017)
S28, 1: Autoren

S29, 1: Autoren
S29, 2: CC0, commons.wikimedia.org/wiki/File:Lcd.jpg (Zugriff: 20.11.13)
S30, 2: Von Samsung Belgium, https://www.flickr.com/photos/samsungbelgium/9614835050/in/dateposted/ (Zugriff: 17.03.2017)
S31, 1: Autoren
S33, 1: Autoren
S34, 1: Autoren
S35, 1, 2: Autoren
S36, 1: Stratasys
S37, 1: Autoren
S38, 1: www.epson.de/de/de/viewcon/corporatesite/products/mainunits/overview/11799 (Zugriff: 15.11.13)
S40, 1: Autoren
S41, 1: Autoren
S41, 2: Apple
S42, 1: Autoren
S43, 1: Autoren
S45, 1: Autoren
S48, 1: Autoren
S49, 1, 2, 3, 4: Wikipedia, gemeinfrei (Zugriff: 14.06.2017)
S50, 1: Autoren
S51, 2: Wikipedia, gemeinfrei (Zugriff: 14.06.2017)
S52, 1: Autoren
S53, 1: Autoren
S54, 1: Autoren
S55, 1: www.sxc.hu/anitab000 (Zugriff: 15.03.2017)
S55, 2: Autoren
S59, 1, 2: Autoren, Logos: Hersteller
S61, 1: Autoren
S65, 1: Autoren
S66, 1: Wikipedia, gemeinfrei, https://upload.wikimedia.org/wikipedia/commons/thumb/3/3a/Titan3.jpg/1280px-Titan3.jpg (Zugriff: 15.06.2017)
S66, 2: Autoren
S67, 1: Autoren
S68, 1: Autoren
S69, 1, 2: Autoren
S70, 1: Autoren
S71, 2: Wikipedia, gemeinfrei (Zugriff: 16.06.2017)

S71, 2: https://shop.bechtle.de/de/product/
patchkabel-rj45-sf-utp-cat5e-1-m-grau--77822
(Zugriff: 16.06.2017)
S72, 1a: Autoren
S72, 1b: https://shop.bechtle.de/de/product/
lwl-duplex-patchkabel-lc-lc-0-5m-50--761721
(Zugriff: 16.06.2017)
S73, 1:
S74, 1: Autoren
S75, 1: Autoren
S77, 1: Autoren
S78, 1: Autoren
S80, 1: Autoren
S82, 1: Autoren
S83, 1: https://www.apple.com/de/shop/
product/HJKF2ZM/A/belkin-usb-c-auf-gigabit-
ethernet-adapter (Zugriff: 18.06.2017)
S84,1: https://shop.bechtle.de/de/product/net-
gear-prosafe-xs728t-switch--4014142 (Zugriff:
18.06.2017)
S85, 1: Autoren
S90, 1: Autoren
S92, 1: Autoren
S93, 1: Autoren
S95, 1: Autoren
S104, 1: Autoren